KB042064

내일의 세계

지금 여기,
인류 문명의
10년 생존 전략을
말하다

내일의 세계

안희경 지음

재러드 다이아몬드
케이트 레이워스
다니엘 코엔
헬레나 노르베리 호지
대니얼 마코비츠
조한혜정
사티시 쿠마르

메디치

내일의 아이들을 위하여

사람들이 물처럼 일렁일 것이다
우리는 이 위기를 잠재울 것이다
나는 지금 내 손주의 딸들이 부르는 노래를 듣는다
그 노래가 멈추지 않도록 우리는 이 땅을 지켜내리라

세계 지성과 인류 문명의
10년 생존 전략을 말하다

지난 1년 반 동안 인류는 코로나19라는 예상하지 못한 도전 속에서 고심하며 담대한 시도를 했다. 그럼에도 불구하고 코로나19를 지구적 위기로 급발진시킨 세계화 질서는 여전히 위력을 떨치고 있다. 다급히 조직된 2030년까지 탄소 배출량을 절반으로 줄이겠다는 국제 협약은 원자잿값 폭등 속에서 조금만 미루자는 말이 버젓이 목소리를 키우는 가운데 흔들린다. "먹고 죽은 귀신은 때깔도 좋다"라는 계산인지 아니면 코끼리를 피해 덩굴을 붙잡고 우물에 매달려 발아래 독사가 우글거리고 덩굴을 갉아 먹는 쥐가 있음에도 혀로 떨어지는 꿀을 즐기는 배짱인지 기득권이라 불리는 세력은 안일하다. 무엇보다 확실한 것은 내 차례로 올 절대절명의 순간은 한참 뒤일 것이라는 몸에 밴 특권 의식에서 나온 자신감이리라.

코로나19 위기 속에서 경제지표의 낙폭은 예상보다 완만했다.

곧 다시 성장세로 돌아서리라는 기대가 커지며 반성과 변화를 다짐했던 정치 의제들도 회귀하려는 반작용에 주춤거린다.

우리 문명은 지금 어디에 있는가? 벼랑 끝인지, 아니면 이미 추락을 시작했는지 안녕과 번영의 시간을 가늠하고자 한다. 정치·경제·사회·환경, 그리고 삶의 결을 이루는 문화 의제에 관해 세계 석학들과 인터뷰함으로써 인류 문명의 생존을 위한 전략을 논하고자 한다. 당장 개선해야 할 과제, 장기적으로 변화를 꾀해야 할 방향에 관해 이야기한다. 이 책을 읽는 독자들의 생각을 모아 각자 발딛고 있는 곳에서 인류 문명 생존 전략이 생동하도록 도모하고자 한다.

과거에 능통한 이들, 미래를 위해 곳곳에서 조언 요청을 받는 이들에게 우리 삶의 조언자가 되어달라고 부탁했다. 7명의 지성에게 우리 앞에 놓인 미래의 선택지를 해석해달라고 했다. 그리고 탐지한 위험을 말해달라고 요청했다. 그들이 아는 것, 우리가 안다고 여기는 것, 이 모두가 어쩌면 부분에 불과할 수도 있다. 살아보지 않고는 알 수 없는 내일이기 때문이다. 그럼에도 당신의 선택, 나의 선택이 모여 내일의 세계가 되기에《내일의 세계》는 내일 우리의 일상을 결정할 당신의 조력자가 되고자 한다.

제일 먼저 인류 문명사를 60여 년간 연구해온 문화인류학자이자 지리학자이며 생리학자인 재러드 다이아몬드 교수를 만났다. 코로나19 위기 속에서 우리가 배워야 할 것이 무엇인지 묻고자 했다. 위기를 기회로 전환하려면 현재를 진단해야 하기에 오늘의 상황을 짚어보고자 했다. 재러드 다이아몬드는 코로나19 위기는 우리가 온 세계로 번지는 지구적인 문제와 공존하는 세상에 살고 있다는 점을 가르쳐준 수업이라고 했다. 지구적인 대비를 해야 한다는 것이다. 모든 나라가 안전하지 않으면, 초강대국일지라도 안전할 수 없는 세계화 구조 속에 있고, 코로나19보다 더 심각한 지구적인 문제들이 있기에 우리는 지구적인 해결책들을 찾아가야만 한다. 그는 핵무기 위험, 기후변화 위기, 자원 고갈 문제, 불평등이 세계가 다급하게 대응해야 할 주요 문제 중 가장 최소의 것이라 진단했다.

나는 이어지는 다니엘 코엔, 대니얼 마코비츠와의 대화 속에서 불평등 문제를 심화시킬 수 있도록 물꼬를 트고자 세금 인상의 필요성 등을 언급했다. 재러드 다이아몬드는 가난한 미국인들이 안전할 때까지 부자 미국인들이 안전하지 않을 것이며, 몽골이 안전하고 볼리비아가 안전할 때까지 결코 미국은 안전할 수 없다는 것을 역사가 보여준다고 강조했다. 기후변화로 인해 곧 급증할 이주민에 대해서도 의견을 나눴고, 이는 헬레나 노르베리 호지와의 인터뷰에서 도시화 문제 등으로 이어진다. 이렇듯 그에게 여러 의제를 물으며,《내일의 세계》속 여러 이슈를 포괄하고자 했다. 마지막으로 그는 위기의 가속도가 예상보다 빠르게 붙고 있다며 2050년까지 반드시 지구적 위기들을 풀자고 호소했다.

2장에서는 '도넛 경제학' 이론으로 지속 가능한 순환 경제로의 전환을 이끄는 케이트 레이워스 옥스퍼드대학교 교수와 대화를 나눴다. 기후 위기, 자본주의 위기 속에서 우리가 도모할 수 있는 전략과 정책을 안내하고자 했다. 그는 사람과 자연으로부터 이윤이 될 모든 것을 추출해 소비하고 쓰레기로 배출하는 경제구조를 재생과 회복으로 순환하는 도넛 모양의 경제 모델로 만든 경제학자이자 활동가다.

도넛 모델은 사회가 이뤄야 할 안전지대를 제시한다. 개인의 삶을 지탱하는 사회적 토대와 지구 전체의 안녕을 이루는 생태적 한계 사이에 인류를 위한 정의로운 공간이 바로 도넛 모양 안에서 펼쳐진다. 입안에 달콤함을 주는 도넛처럼 두 경계 안에 있을 때, 구성원은 인간다움을 누릴 수 있다. 음식이나 물, 의료 자원, 살 집이 마련되고, 정치적인 목소리와 사회적 평등이 보장되는 동시에 생태적인 천정을 침범하지 않는 사회를 만드는 것이 도넛 경제의 목표다. 그는 사회적·생태적·지역적·지구적 렌즈로 우리 주변을 살펴 그 누구도 도넛 가운데 구멍으로 떨어지지 않도록 지켜내자 했다.

무엇보다 케이트 레이워스를 통해 확인하고 싶었던 것이 있었다. '2030년까지 탄소 에너지를 절반으로 줄여야 한다는 대전제를 던져놓으면 그 안에서 다양한 혁신이 일어날 수 있을까?'라는 물음이다. 경제학자 마리아나 마추카토가 자신의 책《미션 이코노미Mission Economy》에서 밝혔던, 과거 미국이 '사람을 달에 보내 안전하게 돌아오게 하기'라는 대전제로 진행했던 국가적 작전이 목표를 이루고도 그 과정에서 무수한 혁신을 파생시켰던 성과를 이제 '기후 위기 돌파'라는 대전제 속에서 반복해낼 수 있을지 그의 진단을 듣고 싶었다.

1960년대 소련과 경쟁하던 미국은 '달나라 작전The moonshot'을 성공했을 뿐만 아니라 기업들과 협력해 여러 분야에서 신기술을 제품화했다. 휴대용 컴퓨터가 나왔고, 소프트웨어라는 개념과 더불어 제품이 폭발적으로 등장했다. 모토로라Motorola를 비롯한 통신·전자 기업들뿐만 아니라 주방용품사인 코닝웨어CorningWare, 테플론Teflon까지 수많은 기업이 그 속에서 성장했다. 나이키 에어 운동화와 무선 헤드폰, 메모리 폼, 냉동 건조 식품, 분유 등이 나사NASA의 주도 속에 나온 산물이다.

"'문명 생존 10년 전략'이라는 작전이 범세계적 프로젝트로 가동된다면, 우리는 살길을 찾을 뿐만 아니라 다수와 함께하는 성숙한 번영을 누릴 수 있지 않을까?" 이 질문은《내일의 세계》를 진행하고자 했던 나의 이유이자 열망이다. 케이트 레이워스는 충분히 가능하며 그 속에서 세상에 없던 혁신이 앞다퉈 나올 것이라고 힘주어 말했다. 그리고 지금 우리에게 모든 자원이 있고, 혁신을 이뤄낼 기술, 창의력까지 있다며 독려했다.

문제는 우리의 생각이고 선택이다. 탄소 배출 제로, 산업재해 제로, 쓰레기 제로 세상을 초등학교 무상 교육이나 소득세 납부처럼 당연하게 생각할 수 있다면 가능하다. 모든 진보는 생각에서 싹텄다.

사고를 전환해내고자 하는 바람 속에서 3장에서는 오늘날의 자본주의의 성격을 진단하며, 불평등 문제를 완화할 전략을 논했다. 파리 경제대학 교수 다니엘 코엔과의 대담이다. 그는 현재의 경제위기는 대면으로 조직된 서비스 경제의 위기이며 세상은 이에 대한 응답으로 디지털 자본주의로 급속히 전환하고 있다고 진단했다. 코로나19 이후 세계경제는 어떻게 나아갈 것인지 그의 분석을 담았다. 그는 여타의 위기와 달리 코로나19 위기는 끝이 있고, 경제는 강력한 탄성력으로 회복할 것이라고 예측하며 그러하기에 반드시 돌아갈 곳을 지켜내야 한다고 했다.

또한 우리는 디지털 자본주의 독점을 제어할 사회계약을 다시 수립해야 한다고 강조했다. 이는 전에 없던 새로운 규범이 아니라 20세기 전반에 걸쳐 다수의 개인이 연대해서 이뤄낸 사회계약들을 재정비하는 것이다. 그는 지금의 디지털 자본주의의 태동이 20세기 초에 등장했던 산업의 독점자본가들과 닮았음을 지적한다. 그들은 세 불리기에 거침없었고, 그들의 독주 속에서 경제 생태계는 무너졌으며 국가 경제는 위기로 침몰했다.

IT 혁명이라는 단어 속에서 자본시장과 노동시장이 요동친다.

마치 하루아침에 혁신이라는 새 가치로 탄생한 것처럼 우리에게 착시 현상을 일으켰다. 하지만 노동하는 인간의 일상은 그 속에서 여전히 몫을 하고 있다. 다만 일하는 자의 안전장치만이 해체되고 있을 뿐이다. 일의 존엄을 살려내고자 다니엘 코엔과 마주했고, 국가의 역할, 복지의 방향에 대해 모색했다.

4장에서는 국가마다 여러 이름으로 진행하는 '그린 뉴딜' 정책이 과연 바른길로 가고 있는지 점검하고자 헬레나 노르베리 호지를 만났다. 그는 대부분의 정부가 에너지를 적게 쓰자거나 자원을 적게 쓰자는 말은 삼간 채, 더 많이 재생에너지를 사용하자는 단순한 접근을 하고 있다고 지적했다. 여전히 규모를 확대하고 속도 경쟁을 하는 성장 중심 그린 뉴딜인 것이다.

그는 기후변화를 일으키는 주요 원인이 무엇인지 살펴보자며, 대량 소비, 대규모 도시화, 더 많은 에너지 사용을 장려하는 정책 의도를 파악하고, 신제품이 곧 구식이 되어 버려지도록 기획하는 생산 판매 전략, 세계를 가로지르며 제작하는 공정 방식을 평가하는 것에서부터 시작하자고 제안했다. 바로 세계화 자본주의의 문제다. 헬레나 노르베리 호지는 지역화와 분산화의 길을 제시한다. 그 속에서 기업과 글로벌 금융이 아닌 국민과 지역 정부가 번영을 이루는 길을 찾자고 독려한다.

5장에서는 불평등 세습으로 작동하고 있는 능력주의 구조를 살펴본다. 능력주의는 타인과의 연결을 파괴할 뿐 아니라 민주주의마저 위태롭게 하기에 다루지 않을 수 없었다.《엘리트 세습》의 저자인 예일대학교 로스쿨 대니얼 마코비츠 교수와 만났다. 그는 능력대로 보상받는 것이 공정하다는 가치는 바로 엘리트로부터 나왔고, 그들이 스스로의 지위를 지키고자 시스템을 견고히 했으며, 다수의 중산층을 붕괴시켰다고 진단했다. 더불어 엘리트마저 갇혀버린 '능력주의 덫'에 대해 다각도로 분석한다.

그와 인터뷰하며 마지막 문항으로 준비했던 다음 제안을 할까 말까 망설였다. "우리가 스스로 어떤 기득권을 가졌는지 볼 수 있다면, 남들에 대해 우월감을 느끼기보다는 타인으로부터 어떤 지원을 받고 있는지 알아차릴 수 있으리라 본다. 내 안에 있는 능력주의 사고 체계를 검토해볼 의미가 있다고 여기는데, 스스로 성찰하기가 어렵다. 당신이 안내해주기를 바란다"였다. 사실 이 마지막 질문이 능력주의를 다룬 나의 의도였다. 우리 각자가 자신을 비춰보면 세상이 보다 연결되고 보살핌으로 나아가지 않을까 해서다.

그러나 대니얼 마코비츠와의 대화는 매우 논리적으로 흘렀고, 특히 20 대 80을 강조하며 기득권이 된 나의 세대와 이들 자녀들의 현실을 되돌아보도록 이끌고자 했던 나의 의도와 달리 그는 1 대 99의 접근이 오늘날 엘리트 권력이 만든 덫을 해석하는 데 적합하다는 관점을 견지했다.

인터뷰 시간이 다 되어갈 즈음 그에게 섭외할 때 보낸 나의 마지막 질문이 의미 있을까 물었다. 그러자 그는 바로 자세를 가다듬고 마음을 다해 답변했다. "만약 당신이 엘리트라면 저는 …"으로 시작하는 긴 당부다. 그의 말이 끝나고도 나는 가슴에 모아 얹은 나의 두 손을 내려놓을 수 없었다. 그의 속 깊은 이해와 절절한 당부에 내 안에 있던 나도 모르는 어떤 응어리마저 풀어진 듯 치유를 얻었다. 당신도 놓치지 않기를 바란다.

6장에서는 박탈감, 원망이 차오르는 이 시대의 감정을 읽고자 했다. 문화인류학자 조한혜정 연세대 명예교수를 만난 이유다. 조한혜정은 '파상력'이라는 단어를 들려줬다. 망가지고 깨지는 것을 바라보는 마음의 힘이라고 했다. 시대가 주는 절망을 견디면서 생기를 북돋울 수 있는 힘으로 '기쁨의 실천'을 함께 찾아가도록 하는 동력이자 그 길에서 다져질 생명력으로 다가왔다. 또한 이는 '멸종의 시간에 책임을 지고 살아가는 것'에 대한 담대한 태도이기도 하다.

그는 지금을 포스트모던, 포스트 콜로니얼, 포스트 휴먼의 과정을 제대로 거쳐야 할 시점이라고 진단했다. 서구가 만들어낸 사고 틀에서 벗어나 우리 눈으로 발 딛고 있는 이 자리를 제대로 인식하며 나아가는 자세다. 특히 포스트 휴먼을 강조하며 인간이 중심이라는 사고로 망쳐버린 지구에서 건강한 회복력을 세워 함께 살아날 길을 찾는 방향을 가리켰다.

그 길은 인류 문명이 발전해오며 특히 남성 중심으로 공적 자아가 형성되면서 상대를 무너뜨리고 올라서야 안전과 번영에 도달해온 과정을 극복하는 과제를 안고 있다. 그는 우리에게 문명 이전에 존재했던, 돌봄이 사회의 중심이었던 그 시간을 상정하며 나아가자고 제안한다. 그리고 우리가 곁에 있는 이들에게 확인해야 할 것은 '지금 너는 제대로 숨 쉬고 있어?'라는 보살핌이라 했다. 그 다정한 물음에 상기됐던 내 마음도 순간 가라앉는 평화를 얻었다. 돌봄 속에서 상호 치유를 이루는 그의 희망을 모두가 함께 그려보기를 기대한다.

마지막으로 7장에서는 '그럼 나는 무엇을 해야 하는가?'에 대한 답을 전하고 싶었다. 내가 나답게 살아가는 방법, 내 안에 있는 힘을 사용하는 방법에 대해 전하고자 했다. 사티시 쿠마르를 만날 수밖에 없었다. 평범했던 그는 누구에게나 존재하는 내면의 비범함을 일으켰고, 평화운동가로 또한 생태 운동가로 생태적 사고의 지평을 풀뿌리 운동에서뿐만 아니라 과학계와 예술계 속으로도 넓혀온 인물이다.

그는 사랑을 말한다. 나를 사랑하고 곁에 있는 이들을 사랑하며 지구를 사랑하는 매뉴얼을 전했다. 그는 우리가 지구를 구할 수는 없다고 단언했다. 다만 사랑할 수 있을 뿐이라고 선을 그었다. 인간의 실존적 한계이자 인간이 사용할 수 있는 가장 효과적인 도구를 일깨워준 것이다. 우리를 둘러싸고 있는 불안의 본질, 연결된 세상의 실체, 관계 속에서 살아가는 우리, 나와 연결된 관계를 안전하게 키우는 지속 가능한 사회를 이룰 도구를 사티시 쿠마르의 안내 속에서 당신이 획득하기를 바란다.

* * *

세상에 큰일, 작은 일은 없다고 생각한다. 하지만 우선순위는 있다고 생각했다. 모든 고통을 순식간에 가중하는 다급한 큰 줄기 말이다. 그렇게 기획한《내일의 세계》였다. 그런데 첫 인터뷰이부터 밑그림을 일그러뜨렸다. 가장 다급한 사안을 정하는 그곳에 함정이 있다고 했다. 기후 위기가 불평등을 가중하고 혐오를 극으로 치달리게 할 위기라 여겼던 나의 생각은 주춤하게 됐다. 나의 생각에 균열이 난 것이다. 다음의 인터뷰이 또한 나의 의도를 부분적으로 조각냈다. 그다음도 예상치 못한 답변으로 준비한 질문을 폐기하고 그 공간에서 새로운 모색을 이어가도록 했다. 아마도 이 책을 읽는 독자들 또한 생각의 균열을 경험하는 순간을 마주하지 않을까 싶다.

나는 '우선순위가 있다'는 사고를 '다만 기본 순위는 있다'라고 교정했다. 모든 고통을 '아우르는' 큰 줄기 말이다.《내일의 세계》가 당신의 생각을 흔들기를 희망한다. 우리의 안녕한 내일을 위해 흔들리고, 다지며, 치열히 모색하는 당신의 시간이 이어지기를 기

대한다. 그 속에서 모든 고통을 아우르는 큰 줄기가 거둬질 기회
에 닿는 내일의 세계이기를 바란다.

2021년 10월

안희경

차례

재러드 다이아몬드

지구가 안전하지 않은데
인류가 안전할 수 있는가

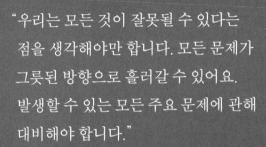

"우리는 모든 것이 잘못될 수 있다는
점을 생각해야만 합니다. 모든 문제가
그릇된 방향으로 흘러갈 수 있어요.
발생할 수 있는 모든 주요 문제에 관해
대비해야 합니다."

재러드 다이아몬드 Jared Diamond

세계적인 문화인류학자이자 문명연구가. 1937년 미국 출생. 케임브리지대학교
에서 생리학 박사학위를 받았으며, 현재 UCLA 지리학과 교수로 재직 중이다. 생
리학자로 출발해 진화생물학과 생물지리학으로 영역을 확장해갔다. 2005년 영
국의 《프로스펙트》와 미국의 《포린 폴리시》가 공동 선정한 '세계를 이끄는 최고
의 지식인' 중 아홉 번째 인물로 선정됐다. 라틴어와 그리스어, 독일어, 프랑스어,
러시아어 등 다수의 언어를 구사하며, 전미과학상, 타일러 환경공로상, 일본 코
스모스상, 록펠러대학의 루이스 토마스상을 수상했다. 지은 책으로 퓰리처상을
받은 《총, 균, 쇠》를 포함해 《제3의 침팬지》 《문명의 붕괴》 《어제까지의 세계》
《나와 세계》 《대변동》 등이 있다.

재러드 다이아몬드를 가장 먼저 찾지 않을 수 없었다. 그는 60여 년간 문명을 조망해온 문화인류학자이자 지리학자이며 생리학자다. 지구의 변화를 긴 시간 속에서 분석해왔고, 오늘의 사건들을 감지하며 미래의 조짐을 해석해왔다. 그리고 2006년 저서 《문명의 붕괴》를 통해 지구별은 이제 시한폭탄이 됐다고 선언했다. 지금도 갈급한 마음으로 우리가 맞닥뜨린 문명의 위기를 정치와 삶의 변화를 통해 타파해나가자고 요구한다.

2013년 겨울, 그와 처음 인터뷰를 했다. 당시 그에게 우리 문명이 현상 유지할 수 있는 시간이 얼마나 남아 있는지 물었다. 그는 50년이라고 답했다. 자원이 고갈되기까지의 시간이다. 그는 불평등이 고조되는 현실을 고려하며 그 시간조차 줄어들 수 있다고 했다. 그리고 8년이 지났다. 그 속에서 우리는 더 이상 살던 대로 살 수 없다는 징후를 느끼게 됐다. 기후 재난이 지구 곳곳을 덮쳤다. 나는 기후 위기가 최우선으로 해결해야 하는 과제라 여기며 그를 찾았다. 그의 동의를 얻고 싶었다. 그가 말한 자원 고갈 시기보다 지구 기온 상승으로 인한 대재앙의 시대가 더 긴박하게 다가오고 있다고 여겼기 때문이다. 더군다나 고통은 재난 속에서 약자를 더 가혹하게 벼랑으로 내몰기 때문이다. 그러나 가장 시급히 해결해야 할 위기가 무엇이냐라는 나의 질문에 그는 질문 자체를 부정했다. "가장 먼저 풀어야 할 위기란 없다. 전력을 다해 동시에 풀어야 할 주요한 위기들이 있을 뿐이다"라고 일갈했다.

문명 전체를 조망해온 그이기에 가능한 한 포괄적으로 오늘의 상황을 점검하고자 했다. 꼬리에 꼬리를 무는 질문이 떠올랐지만 억누르며 대화의 범위를 넓혀나갔다. 지난 5월 20일 오후 2시(미국 로스앤젤레스 현지 시각) 로스앤젤레스 자택에 있는 재러드 다이아몬드 UCLA 교수와 인터넷 화상으로 나눈 대화다.

백신 나눔은 공공선이 아니라
우리를 지키는 방법이다

최근(5월 15일)에 중국의 화성탐사선 텐원 1호가 화성 유토피아

평원에 착륙했습니다. 일론 머스크가 주도하는 스페이스엑스의 유인우주선 크루 드래건도 성공적으로 비행을 마쳤고요. 한국에서는 우주산업에 뒤처진 현실을 자책합니다. 우주산업이 마지막 남은 희망이라는 시각인데요, 또 막연히 우주공간이야말로 지구의 위기를 극복할 대안이라 보는 기대도 있습니다. 진정 우주산업에 희망을 걸어야 할까요?

(처참한 생각이라는 듯 손으로 얼굴을 감싸며 고개를 연신 가로저었다) 만약 우리가 이 행성을 보살피는 데 실패한다면, 지구는 어떻게 될까요? 다른 행성을 찾아가야 할까요? 그런데 인간이 살 수 있는 행성이 없다면요? 실제로 우리가 적응할 수 있는 또 다른 별은 은하계에 없습니다. 화성 탐사는 환상적이죠. 저라면 고약한 원수들을 우주선에 태워 화성으로 보낼 거예요. 다시는 돌아오지 못하도록요. 저는 화성 방문에서 인류를 위한 그 어떤 희망도 찾을 수가 없습니다. 게다가 지구 문제를 풀 수 있는 희망이라면 더더욱 그 별에서는 보이지 않아요.

이미 우주산업에는 막대한 자본이 투입됐습니다.
더 많은 돈을 지구 문제를 푸는 데 퍼부어야 해요. 기후변화, 자원 고갈을 해결하고, 사람들이 좀 더 평등하게 살 수 있도록요. 또 지구적인 불평등을 해결해야 합니다. 수많은 질병에 대응하도록 지원해야 하죠. 지금까지 코로나19 바이러스를 막아내고자 애썼듯

재러드 다이아몬드

이 다른 질병을 막아내는 데도 투자해야 합니다.

대부분의 아프리카 국가를 비롯해 85개 개발도상국이 2022년 말까지 국민 다수에게 백신을 접종하기는 불가능하다고 합니다. 백신을 확보하지 못해서인데요, 현재 가난한 국가의 접종률이 1퍼센트 미만인 이 상황을 어떻게 보시나요?

타인을 공평하게 대해야 한다는 윤리적인 이유 말고 완전히 이기적인 입장에서 말씀드리겠습니다. 한국 사람들을 위해서, 그리고 미국 사람들을 위해서입니다. 전 세계인이 코로나19 백신을 접종해야 합니다. 당신과 저의 안전을 보장하는 핵심 조건입니다. 코로나19 바이러스는 비행기를 통해 전 세계로 퍼졌어요. 다른 나라들이 안전하지 않은데 한국에 있는 사람들이 안전하기를 바라는 건 불가능합니다. 다시 감염될 수 있어요. 미국과 유럽이 다른 나라들과 백신을 나누겠다고 했는데, 이는 공공선을 위한 것일 뿐만 아니라 자신을 지키는 방법입니다.

2003년에 발생한 사스의 경우는 홍콩을 방문한 중국계 캐나다인이 토론토로 돌아오면서 북미에 전파됐다는 경로가 나왔습니다. 2020년 초에는 당시와 비교할 수 없을 만큼 항공 운항률이 급증했는데요, 이런 상황에 맞게 한국 정부를 비롯해 각국 정부들은 항공 운항을 제한하고 있습니다. 특히 델타 변이 바이러스가 나온

후 인도 방문이나 입국을 철저히 제한하는데요, 통제는 불가능한 건가요?

바이러스를 통제할 수는 없는 세계화된 세상이에요. 인도에는 15억 명에 가까운 사람들이 삽니다. 어떤 이는 걸어서 국경을 넘어 미얀마로 가겠죠. 또 미얀마에서 걸어서 태국으로 넘어갈 수도 있습니다. 태국에서 비행기나 배를 타고 홍콩으로 갈지도 몰라요. 그 다음에는 비행기를 타고 한국에 올 수도 있습니다. 인도에서 오는 사람을 받지 않겠다고 발표하는 것만으로는 충분치 않음을 보여 줍니다.

코로나19의 교훈,
문제에 대비해야 한다는 것

코로나19와 함께하는 동안 우리가 배운 것은 무엇일까요?

코로나19는 우리가 온 세계로 번지는 지구적인 문제와 공존하는 세상에 살고 있다는 점을 가르쳐줬습니다. 코로나19로부터 배운 또 다른 점은 대비해야 한다는 것이죠. 우리는 모든 것이 잘못될 수 있다는 점을 생각해야만 합니다. 모든 문제가 그릇된 방향으로 흘러갈 수 있어요. 문제는 언제든 일어날 수 있습니다. 당연히 질병 문제도 일어납니다. 또한 여기에 불평등으로 초래되는 문제까지 함께 덮친다는 것을 명심해야 합니다. 발생할 수 있는 모든 주

재러드 다이아몬드

요 문제에 관해 대비해야 합니다. 우리는 코로나19에 대해 준비하지 않았습니다.

작년(2020년)에 코로나19가 팬데믹으로 진행될 때 그 원인과 경제적·정치적 위기로 작동한 배경에 관해 탐구하는 기획을 했습니다. 당시 지구온난화로 인한 생태계 교란을 코로나19의 주요 원인이라 보는 과학자들도 있었지만, 옥스퍼드대학교 닉 보스트롬처럼 이런 견해에 반박하는 사람들도 있었습니다. 많은 과학자들이 기후변화로 생태계가 교란되면서 동물들로 하여금 이주하도록 자극한다고 파악해왔습니다. 또한 1900년만 해도 인간은 지표의 14퍼센트 정도에서 살았지만 지금은 77퍼센트를 차지합니다. 숲이 사라지니 동물은 인간이 사는 마을 가까이 다가옵니다. 지카, 에볼라 등은 모두 숲에서 나와 인간으로 왔고요. 지구온난화와 코로나19 발병이 근본적으로는 연결되어 있다는 의견에 대해 어떻게 생각하십니까?

존중하지만 동의하지는 않습니다. 코로나19는 숲에서 나온 동물로부터 오지 않았습니다. 사냥꾼이 숲으로 들어갔고, 동물을 잡아서 데리고 나왔죠. 사냥꾼들이 야생동물을 야생동물 시장에 데려다 놨습니다. 이와 같은 일은 동남아시아뿐만 아니라 아프리카에서도 벌어집니다. 동물을 사냥해 시장에서 '부쉬미트Bushmeat'(야생고기)라고 팝니다. 그렇다면 동물들은 어떻게 코로나19에 걸릴까요? 박쥐가 전염시킵니다. 박쥐는 많은 질병을 옮기는데, 종이 다른 동물들 사이로 퍼뜨리죠. 박쥐 자체가 코로나19 바이러스를 인간에게 옮겼다고 볼 수 없는 부분입니다. 대신 다른 동물들에게 코로나19 바이러스를 감염시켰습니다. 이번에 코로나19 바이러스의 중간 숙주라고 추정하는 천산갑 같은 경우예요. 천산갑도 사냥꾼들에게 잡혀 야생동물 시장에서 팔립니다.

심각한 지구적 문제에 관한
지구적 답을 찾는 숙제

인류 역사를 거시적으로 해석해오셨는데요, 코로나19 위기를 과거의 역사적 위기들에 견줄 수 있을까요?
그렇다고도, 또 아니라고도 말할 수 있겠어요. 이 지점이 바로 기자들이 저와 인터뷰하면서 불만을 품는 부분입니다. 인터뷰어들은 명확한 답을 원하는데, 저의 답은 언제나 '예스 앤드 노Yes, and No'이니까요. "코로나19 위기를 과거의 역사적 위기들에 견줄 수 있을까요?"라고 물으셨죠? 예스Yes입니다. 과거에도 이와 같은 위기가 있었으니까요. 유럽과 아시아, 중국에서 흑사병이 창궐했습니다. 유럽인들이 전 세계로 전파한 홍역과 천연두의 위기도 있었죠. 질병으로 인한 위기는 인간의 역사를 통틀어 번번이 이어졌습니다. 그래서 '예스'라고 답한 거예요. 그리고 '노No'에 해당하는 부분이 있습니다. 세계화에서 나온 새로운 위기이기 때문입니다. 최근까지 전염병이 이렇게 빨리 지구적으로 퍼져나간 적이 없습니다. 2002년에 발병한 사스조차도 세계로 번지는 데 시간이 걸렸습니다. 당시의 여객기 교통량은 최근처럼 심하지는 않았죠. 지금은 코로나19는 물론 다른 바이러스도 신속하게 세계를 넘나듭니다. 새로운 경향입니다.

코로나19가 우리 문명의 전환점이 되리라 보시나요? 역사적인 분기점이 될 수 있을까요?

그렇게 되기를 바랍니다. 모든 나라가 안전하지 않으면, 아무리 초강대국일지라도 안전할 수 없다는 것을 코로나19가 우리에게 주요한 가르침으로 줬기 때문입니다. 지구적인 해법을 갖춰야 한다는 것을 알게 된 지금 그 시스템을 만들어야 합니다. 우리에게는 코로나19보다 훨씬 더 심각한 지구적인 문제들이 있어요. 그에 비하면 코로나19는 심각하지 않습니다. 세계인이 다 걸린다는 최악을 가정해도 사망률은 2퍼센트 정도입니다. 모든 사람이 죽는 것은 아니에요. 지금 우리에게는 모든 사람이 죽을 수 있는 심각한 위협들이 있습니다. 오판으로 발사될 수 있는 핵무기들이 즐비합니다. 한국 사람들은 핵무기가 발사될 수 있는 끔찍하고 어리석은 조건에 대해 더욱 잘 알 거예요. 그리고 기후변화라는 위기 요소가 있습니다. 기후변화로 인해 사람들은 점진적으로 모두 죽음을 맞이하게 될 겁니다. 그 상황에 다다르기 훨씬 전부터 모두의 삶을 참혹히 무너뜨립니다. 자원 고갈 또한 점진적으로 세상 곳곳을 무너뜨리는 요인이죠.

코로나19가 가르쳐주는 수업을 제대로 배우고 있다면, 우리는 지구적인 문제에 대한 지구적인 해결책들을 찾아가고 있어야만 합니다. 이 수업은 기후변화와 자원 고갈, 불평등에 관한 것이기도 합니다. 코로나19는 막강한 스승님이에요. 우리에게 지구적인 답을 찾도록 숙제하게 만드니까요. 이런 점에서 코로나19가 중대한 위기로 역사적 전환점을 만들어낼 거라는 데 관해 '맞다'라고 말하겠어요. 단, 우리에게 지구적 문제에 대한 지구적 답을 찾는 숙제를 완수하게 한다면요.

우리가 제대로 된 답을 찾아가고 있다고 생각하시나요?
어떤 사람은 답을 찾고 있고, 어떤 사람은 답을 찾는 것을 거부하고 있습니다. 미국을 예로 들면, 경솔하게 행동하는 사람이 많습니다. 마스크를 쓰지 않으려 하고 백신도 맞지 않겠다고 거부합니다. 답을 찾는 데 협력하지 않는 거죠. 한국이나 일본, 중국, 대만, 홍콩 같은 국가에서는 사람들이 훨씬 더 공동체를 중심으로 생각하고 전체 구성원을 돌보려는 마음이 더 세심하게 작동합니다.

재러드 다이아몬드

공동체의 협력과
개인의 진취성 사이의 균형 찾기

작년(2020년)에 서구 언론들은 동아시아인들이 방역에 성공한 원인을 독재를 경험한 나라들이 많아서라고 보도했습니다. 동아시아인들이 국가주의에 익숙하므로 정부 방침을 잘 따른다는 말을 지금까지도 하는데요, 당신이 공동체를 중심으로 행동하는 community-oriented 문화에 뿌리를 두고 있어서라고 하니 반갑습니다. 사실 한국 내부에도 이런 시각이 있거든요.

동아시아는 독재를 경험했습니다. 유럽 역시 독재를 경험했어요. 매우 악마적인 독재 체제인 나치 정부를 겪었습니다. 그들의 해석은 틀렸어요. 동아시아와 유럽과 미국이 다른 점은 독재 여부가 아닙니다. 대한민국은 지금 독재국가가 아닙니다. 일본도 독재국가가 아니에요. 대신 동아시아는 미국보다 거의 모든 면에서 좀 더 공동체 중심적이죠. 왜 한국과 일본은 공동체 중심적이고 유럽과 미국은 아닐까요? 한 가지 가능성은 농업의 역사와 관련합니다. 동아시아에서는 주로 벼농사를 해왔어요. 유럽과 미국은 대부분 밀농사를 짓고 보리를 길러왔고, 지금은 옥수수에 치중하죠. 밀농사는 개인주의적이에요. 밀을 재배하는 농부는 다른 밀 재배 농부와 함께할 필요가 없습니다. 자기 자루에 밀 씨를 담아 나가서 뿌리면 됩니다. 밀이 다 자라면 또 자기가 거두는 거죠. 쌀을 재

코로나19가 가르쳐주는 수업을 제대로
배우고 있다면, 우리는 지구적인 문제에
대한 지구적인 해결책들을 찾아가고
있어야만 합니다. 코로나19는 막강한
스승님이에요. 우리에게 지구적인 답을
찾도록 숙제하게 만드니까요.

배한다는 것은 공동체 농사를 하는 겁니다. 알곡이 많이 맺히고 잘 여물게 하려면 논에 물을 끌어들이는 관개 작업을 해야 해요. 관개 작업은 농부 한 명이 들판에 나가 씨를 뿌리고 돌보는 수준의 농사가 아니죠. 게다가 다 익은 벼를 추수하는 작업도 공동체 활동이고요. 그러니까 1만 년 동안 동아시아 사람들은 벼농사 때문에 공동체 중심 문화를 형성하게 된 거예요.

반면에 유럽인들은 9천 년 동안 이어온 밀농사 영향으로 개인 중심의 문화를 이루게 됐습니다. 이것이 제가 주요 원인으로 꼽는 이유입니다. '왜 한국인과 일본인, 대만인, 중국인 들은 정부가 조심하자고 하면 이에 협조하는가?' '미국은 정부에서 조심하자고 하면 많은 이들이 따르지 않을까?' 미국인들은 이렇게 말할 겁니다. "나는 정부 지침을 따르지 않는 것으로 나의 자존감을 지키겠다"라고요.

최근 들어 커뮤니티를 경제의 주요한 구성 요소로 강조하는 주류 경제학자들이 있습니다. IMF 수석 경제학자인 라구람 라잔과 옥스퍼드대학교 폴 콜리어 경을 대표적으로 꼽을 수 있는데요, 특히 라잔은 커뮤니티를 시장과 국가만큼 경제를 구성하는 제3의 축이라고 꼽았습니다. 자본주의 위기를 극복하고자 하는 대안으로 지역 공동체의 힘을 강조하는 이런 주장에 동의하시는지요?

네, 그럼요. 그리고 기자들이 싫어하는 답을 또 해야겠네요. 하지만 반대하기도 합니다. 제 일본인 친척들에게서 느끼는 점도 그렇고, 한국에서 경험한 부분에서도 보면 공동체의 영향은 개인을 숨막히게 할 수도 있습니다. 제 일본인 친척들은 다른 사람들이 어떻게 생각할지에 대해 매우 신경을 씁니다.

예를 들어, 일본인 사촌은 어린 딸이 학교에 들고 갈 도시락을 싸주는 데도 남의 눈치를 봅니다. 일본인들은 엄마가 싸주는 도시락은 어떠해야 한다는 기준을 갖고 있어요. 한국은 그처럼 심하지는 않습니다만, 미국에 비하면 공동체를 훨씬 강조하죠. 저처럼 미국 사람들은 고도로 개인주의적이에요. 개인주의도 과도해질 수 있습니다. 하지만 좋은 면도 있어요. 정부로부터 고도의 규제를 받지 않는다는 것이죠. 미국이 소위 기술 분야에서 세계를 이끄는 국가가 될 수 있었던 이유 중 하나도 이 부분 때문입니다. 사업과 기술에 대한 정부의 규제가 유럽보다는 덜합니다. 공동체를 강조하면 협력을 증진시키지만 그 공동체가 또한 개인의 진취성을 억누릅니다.

가장 시급한 위기를 찾는
사고에서 벗어나자

앞서 우리가 마주한 네 가지 주요한 위기에 대해 말했는데요, 우리 문명이 마주한 위기 중에 어떤 위기를 가장 시급하게 풀어야 한다고 보시나요?

사람들이 저에게 무엇이 가장 시급한 문제냐고 물을 때마다 저의 답은 항상 이렇습니다. "가장 시급한 것, 가장 서둘러 돌파해야 할 문제란 가장 시급한 문제를 찾는 그 일을 피하는 것이다." 진지하게 하는 말이에요. 이유는 이렇습니다. 이 세계에는 다급하게 대응해야 할 주요한 문제가 적어도 네 가지가 있습니다. 핵무기 위험, 기후변화 위기, 자원 고갈 문제, 그리고 불평등입니다. 이 중 어느 하나만으로도 우리의 삶은 무너질 수 있습니다. 만약에 당신이 이 중 무엇이 가장 시급하고 다른 세 가지를 제치고 집중해야 하냐고 묻는다면요. 자, 우리가 기후변화 문제를 해결했다고 칩시다. 우리는 여전히 수소폭탄으로 죽을 수 있는 세상에 있습니다. 아니면 불평등이나 자원 고갈의 결과로 죽어나갈 수 있는 세상에 사는 겁니다. 만약에 가장 시급한 문제가 자원 고갈이라고 말한다 칩시다. 그렇다면 우리는 기후변화로 전부 다 죽게 될 세상에 사는 거예요. 그러니까 우리는 이 네 가지 문제만이라도 모두 해결해나가야 합니다.

다른 예를 들어볼게요. 막 결혼한 부부가 저에게 "행복한 결혼 생활을 하려면 무엇을 가장 염두에 둬야 할까요?"라고 묻는다면, 저는 이들 부부의 미래를 점칠 수 있어요. 이들은 1년 안에 이혼할 겁니다. 우리가 행복한 결혼을 위해 가장 관건이 되는 여부가 자녀에게 있다고 생각한다면, 우리의 결혼은 성생활이나 돈 또는 시댁이나 처가, 종교 문제로 파탄 날 겁니다. 만약에 행복한 결혼 생활에 있어 가장 중요한 점이 성생활이라고 여긴다면, 결혼은 자녀 교육이나 돈, 정치에 관한 입장으로 깨질 거예요. 우리는 적어도 서른일곱 가지 사항에 대해 살피겠다고 합의해야 합니다. 당신이 가장 시급한 위기가 무엇이냐고 묻는 것에 대해 틀렸다고 답한 저의 이유입니다. 가장 시급한 위기를 찾으려는 그 방식에서 벗어나야 합니다.

한국의 경우, 북한과의 관계를 풀었다고 해서 남한에 있는 다른 모든 문제가 사라질까요? 당연히 아닙니다. 남한에는 북한 말고도 다른 문제들이 있습니다. 제가 한국에 갔을 때 여성의 역할에 대한 중대한 문제의식을 느꼈습니다. 한국을 방문할 때마다 여성 기자들과 이야기 나눌 기회가 많았는데, 그들은 모두 결혼하기를 원하지 않았습니다. 특히 한국 남성과 결혼하는 것을 매우 거부하더군요.

결혼 이후 경력 관리가 어렵고, 가부장적인 문화에 진력나 있으니까요.

그러니까 북한과의 문제를 풀었다 해도 한국에는 젠더 역할에 대한 문제가 여전히 있고 이웃한 중국과의 문제도 남아 있습니다.

제가 왜 가장 시급한 문제에 관해 물었느냐면요, 한국 사회가 우리

재러드 다이아몬드

문명 전체를 보는 시각과 문제를 다루는 균형감을 갖기 바라서입니다. 미국과 유럽의 경우 기후 위기 상황을 의식하며 경제사회 전체적으로 새로운 틀을 갖추고자 움직이고 있습니다. 그렇지만 한국에서는 기후 위기에 관해 구체적인 계획을 말하지 않습니다. 기후 위기 속에서 약자에게 더욱 가중된 고통이 빈번히 몰아칠 것이 뻔한데도, 성장, 신산업, 현금 지원을 해야 하냐 마냐 등의 기존 관성을 이어갑니다. 차기 대통령을 뽑는 대선 레이스가 시작됐습니다. 하지만 유력 후보 중 누구도 지구온난화에 관해 말하지 않습니다. 저는 이런 느긋한 태도가 걱정됩니다. 어떻게 하면 당신이 지적한 네 가지 중대한 위기를 균형감을 갖고 대처할 수 있을까요?

균형감을 언급하셨나요? 이 부분은 맞지 않아요. 네 가지 중대 문제를 풀고자 균형감을 갖고 다가가서는 안 됩니다. 그냥 네 가지 위기를 전력을 다해 풀어야 합니다. 우리가 할 일은 이 네 개의 위기를 해결하는 것이죠. 다른 위기들도 해결해야만 합니다. 반면에 정부는 예산이 한정되어 있다고 말할 수 있어요. 우리는 가진 돈을 어떻게 사용할지를 결정해야만 합니다. 미국 정부는 지금 다행스럽게도 기후 위기를 해결하는 데 돈을 할당합니다. 또한 핵 문제를 다루는 데 예산을 할당하고 있어요. 이제 이란과 대화를 재개할 겁니다. 미국은 또한 이전 행정부보다 훨씬 더 자원과 산림에 대해 우려하고 있습니다. 불평등 문제에 대해서도 헤쳐나가려고 합니다.

불평등은 인류 문명
몰락으로 가는 지름길

지난달(4월 4일)에 나온 센서스 결과가 충격적이었습니다. 미국 성인 중 8.4퍼센트가 가끔 먹을 음식이 떨어졌다고 했고, 2.3퍼센트는 자주 먹을 것이 없어 배고픔을 참아야 한다고 답했습니다. 자연히 아동 빈곤으로 이어졌고요. 바이든 정부가 5세 이하 어린이에게 매달 300달러를 지급한다는 방안이 의미 있게 다가왔습니다. 루스벨트 뉴딜로 탄생한 사회보장제도가 노인 빈곤을 줄였듯이 지금은 한시적 방안인 이 아동 지원금을 영구화해서 아동 빈곤이 사라지도록 하겠다는 바이든의 뉴딜이 반가웠습니다. 바이든의 사회제도 정비가 국제적으로 대세를 이루는 '뉴딜'의 기본의미가 아닐까 싶습니다.

한국과 미국을 비교해보면 대조적인 부분이 있습니다. 미국 인구는 3억 3천만 명입니다. 한국은 약 5천만 명이죠. 그런데 실제로 미국은 3천만 명의 나라입니다. 미국은 약 3억 명을 내다 버렸어요. 엄청난 불평등이 존재합니다. 한국에 있는 불평등보다 더 큰 불평등이 미국 안에 있습니다. 대다수의 미국인은 좋은 교육을 받지 못합니다. 반면 한국인은 대부분 좋은 교육을 받을 수 있습니다. 따라서 불평등 문제는 미국의 경쟁력을 약화하는 약점이죠.

재러드 다이아몬드

지난번 인터뷰에서 불평등 문제가 문명을 몰락시킬 수 있는 요인이 될 것이라고 말씀하셨는데요, 하지만 많은 사람이 "사다리 위로 더 올라가면 불평등 구조 속에서도 나만은 안전할 것"이라고 생각합니다. 권력을 가진 사람들은 구조를 개선하기보다 개인의 노력을 독려하죠. 불평등을 해소하려면 막대한 자금이 필요합니다. 바이든의 미국 가족 계획도 부자와 기업에 세금을 더 물려 재원을 마련하겠다는 방안과 같이 나왔는데요, 한국 정치인들은 현금 지원을 하겠다면서 증세를 말하기를 꺼립니다.

다행히도 미국 정치는 세금 인상을 논의하고 있습니다. 제가 사는 캘리포니아주뿐 아니라 여러 주에서 세금 인상을 논의하고 연방세 증액을 논의합니다. '가난으로 절망하는 미국인들이 많이 있는 한 자신들 또한 안전하지 않을 것'이라는 사실을 전보다 많은 부자들이 깨닫고 있습니다. 기꺼이 세금을 더 내려 합니다.

제가 로스앤젤레스에 사는 동안 세 번이나 큰 폭동이 일었습니다. 저희 집에서 얼마 떨어져 있지 않은 가난한 지역에서 일어난 폭동입니다. 부자 동네 사람들은 곧 폭도들이 자기 집으로 몰려와 파괴를 일삼을 것이라며 두려움에 떨었죠. 실제 그런 일은 일어나지 않았습니다. 그래도 우리는 알아요. 지금보다 더 심각한 불평등으로 빠진다면 부자 동네의 저택들은 불타오르기 시작하리라는 걸요. 시간문제일 뿐입니다. 이 현실은 우리에게 가난한 미국인들이 안전할 때까지 부자 미국인들은 안전하지 않을 것이며, 또한 몽골이 안전하고 볼리비아가 안전할 때까지 결코 미국은 안전할 수 없다는 것을 보여줍니다.

국제적으로는 급증하는 이주민 문제가 현실의 위협으로 다가오고 있습니다. 기후 난민 문제가 두드러지고 있는데요, 과학자들은 50년 안에 더워서 살 수 없는 땅이 현재 1퍼센트에서 19퍼센트로 늘어난다고 예견합니다. 미국을 비롯해 세계적으로 농촌 경제가 무너지면서 지방 소멸로 국가 내 도시 이주가 가속화하고, 특히 중미의 경우는 허리케인에 코로나19로 도시경제마저 파탄 나면서 갱단의 납치를 피해 어린이들이 미국으로 걸어오고 있고요. 2025년이면 중앙아메리카에서 멕시코와 미국 국경으로 몰려들 기후 난민이 연간 70만 명에 달할 것으로 추정합니다.

기후 난민은 벌써부터 발생했습니다. 그제(5월 18일) 신문에 아프리카를 가로질러 모로코로 온 이주민 8천 명이 북아프리카 해안에 있는 스페인령 세우타로 진입했다는 기사가 났습니다. 기후변화로 인한 가난은 아프리카에서 일반적입니다. 아프리카에는 정치적인 억압도 있지만, 무엇보다 기후 문제가 심각합니다. 가뭄이 연이어 들었고, 피해 지역도 넓어지고 있어요. 그리고 이주민 문제는 불평등의 첫 번째 인과입니다. 부자 나라들이 책임져야 할 결과죠.

불평등의 두 번째 인과는 고통을 공유한다는 겁니다. 가난한 나라에 있는 사람들이 비참하게 됐을 때 이는 지구적으로 영향을 미

재러드 다이아몬드

칩니다. 60년 전이라면 그들은 절망에 빠진다 한들 미국이나 한국에 아무 영향도 미칠 수 없었어요. 세계화된 지금은 할 수 있습니다. 2001년 뉴욕 세계무역센터가 공격받았습니다. 미국이 그들과 고통을 공유했죠. 꽤 많은 유럽 국가도 테러를 겪었습니다. 그리고 불평등의 세 번째 인과는 적절한 공중보건 시스템이 없는 가난한 국가들의 질병이 세계로 퍼지는 겁니다.

솔직히 말하면 한국인들은 이주민을 차별합니다. 같은 동포인 중국에서 온 한국계 이주민은 물론이고 북한에서 온 사람들마저 차별하죠.

이민자들에게 문호를 연다는 것은 복잡한 문제입니다. 고충이 있습니다. 이민은 혜택을 가져오면서 문제도 가져와요. 모든 미국인은 이민자의 후손입니다. 심지어 소위 인디언이라고 불리는 아메리카 원주민들도 약 1천3백만 년 전에 미국으로 이주해왔습니다. 이민은 지금까지 미국에게 엄청난 혜택을 줬습니다. 사람들이 이주를 결심하기까지는 굉장한 용기가 필요하거든요.

그 누구도 조금이나마 살 만하면 자기 고향을 떠나지 않으려 한다는 경제학자들의 연구가 여럿 있습니다.

네, 위험을 감수하겠다는 의지가 필요하죠. 그들에게는 상상력도 필요합니다. 이 요소들이 비즈니스 세계에서 성공하려면 갖춰야 하는 자질들입니다. 과학 분야에서 연구 업적을 내는 데도 필요한 자질이죠. 미국은 세계 어느 나라보다 노벨상 수상자를 많이 배출했습니다. 이들 대부분이 바로 이민 1세대이거나 이민 1세의 자녀들입니다. 이민을 결정하려면 지금과는 다른 일을 해도 감내하겠다는 용기와 위험을 감수하려는 의지가 필요하기 때문입니다. 이것이 이민의 장점입니다.

잘못될 수 있는 모든 사안을
예상하고 대비하자

코로나19가 발생한 후에 지금까지 언론은 뉴 노멀new normal이라는 말을 줄곧 해왔는데, 무엇이 새로운 규범으로 자리 잡을까요? 우리는 무엇을 버려야 하고 무엇을 창조해야 할까요?

두 가지 새로운 표준이 있습니다. 하나는 우리가 앞서 이야기한 겁니다. 글로벌 문제에 관한 글로벌 해법의 중요성! 또 다른 뉴 노멀은 우리가 이야기하지 않은 것인데요, 바로 지역적인 대비의 중요성입니다. 국가 대부분은 코로나19에 대한 대비가 없었습니다. 이미 에이즈도 겪고 에볼라, 메르스, 사스를 겪었는데도요. 우리는 야생동물로부터 더 많은 질병이 나올 것을 대비했어야 했습니다. 미리 대비책을 세워놓은 국가의 예를 들어드리겠습니다. 핀란드입니다. 스웨덴과 러시아 사이에 있는 스칸디나비아 국가죠. 핀

재러드 다이아몬드

란드는 1939년에 소련의 공격을 받았습니다. 지독한 전쟁을 벌였습니다.

겨울 전쟁이라고 불리죠. 10대에서부터 장년까지 동원할 수 있는 모든 남자가 전장에 나갔지만 패배하고 영토도 잃은 비참한 전쟁으로 기록되어 있습니다.

전쟁하는 동안 핀란드는 외국과의 무역이 막혔고 아무것도 수입할 수 없었어요. 핀란드에 있는 자동차들은 전혀 움직일 수가 없었습니다. 휘발유를 수입할 수 없기 때문이었죠. 차를 굴리려면 나무를 떼야 했어요. 그러니 나무를 태우는 목탄 엔진을 갖췄어야 했던 거죠. 핀란드인들은 소련과 혹독한 전쟁을 치르면서 모든 것, 어떤 것이라도 미리 대비해야 한다는 점을 배웠습니다. 핀란드 정부는 매달 위원회를 엽니다. 그 자리에서 앞으로 잘못될 수 있는 사안들에 대비합니다. 이번 달에는 전염병 창궐, 다음 달에는 전력망 붕괴, 그다음 달에는 국경 통제에 실패할 상황 등을 고려합니다.

핀란드는 상대적으로 코로나19 바이러스 피해 사례가 적습니다. 왜일까요? 핀란드는 무엇이 잘못될 수 있는지 매달 생각하기 때문입니다. 그들은 3년 전에 월례 회의에서 전염병이 창궐할 때 벌어질 위기에 대해 논의했어요. 마스크를 많이 사서 비축했고, 코로나19가 왔을 때 보유하고 있었습니다. 미국에는 마스크가 없었죠. 따라서 우리가 배울 수 있는 또 다른 교훈은 지구적인 차원의 문제에 대한 지구적인 차원의 해법을 모색하는 것 말고도 국가 차원에서 마련할 대비책이 있다는 겁니다. 잘못될 수 있는 모든 것을 예상하고 대비합시다.

2013년 인터뷰에서 우리 문명은 이제 50년 남았다고 말씀하셨습니다. 그러니까 이제 우리의 일상과 문명을 구할 수 있는 시간이 43년 남은 건가요?

아닙니다. 30년입니다. 30년이라고 답하겠어요. 예상보다 빠르게 진행하고 있어요. 상황이 나빠지는 속도, 세계 인구가 증가하는 속도, 숲이 잘려 나가는 속도, 물고기가 고갈하는 속도, 그리고 기후변화 진행 단계까지…. 약 30년 후에는 모든 것이 되돌릴 수 없는 지경이 됩니다. 30년 안에 바로잡지 않는다면 돌이킬 수 없어요. 제가 코로나19보다 더 크게 우리를 엄습하는 지구적 위기를 해결하자고 호소하는 이유입니다. 30년 안에 풀어야 해요. 만약 2050년까지 이 문제들을 풀지 못한다면, 죄송합니다. 우리는 너무 늦을 겁니다.

재러드 다이아몬드

10년 안에 인류 문명의
생존 전략을 마련하자

8년 전 50년을 30년으로 정정하는 재러드 다이아몬드의 표정은 매우 어두웠다. 쉰 살에 본 쌍둥이 아들을 위해 전력을 다해 문명의 붕괴를 경고해온 그이기에 애달픈 마음이 전해졌다. 그가 말한 30년은 기후변화에 관한 정부 간 협의체IPCC가 제안하는 2050년의 상황과는 차이가 있다. IPCC는 지구 온도 1.5도씨 상승을 막아내기 위해 2030년까지 탄소 배출량을 반으로 줄이고, 2050년까지 탄소 배출 제로를 목표로 한다. 지구 온도가 2도씨 상승하면 대재앙이 열린다는 예고였다.

하지만 재러드 다이아몬드의 30년, 즉 2050년은 말 그대로 붕괴의 시간이다. 옥스퍼드대학교 인류미래연구소 소장인 닉 보스트롬은 '문명 파괴'의 상황을 세계 인구의 15퍼센트가 사망하거나 세계적으로 GDP의 50퍼센트가 감소하고 그 상태가 10년 이상 지속되는 상태라고 했다. 재러드 다이아몬드의 2050년은 이보다 엄중한 시간이다. 오늘처럼 다수가 안락한 내일을 기대한다면, 가능성이 남아 있는 10년 안에 우리는 인류 문명의 생존 전략을 구축해야 할 것이다.

케이트 레이워스

기후 위기 극복을 위해 필요한 경제 혁신은 무엇인가

"강력한 비전을 창조합시다. 전환을 위해
나아가는 겁니다. 지역과 전체를 생각하는
마음에 여타의 모든 방법을 결합해서
전환점을 만듭시다."

케이트 레이워스　Kate Rayworth

21세기 현실에 맞는 경제학을 만들고자 집중하는 경제학자. 1970년 영국 출생.
사회적 조건과 환경적 조건에 있어 현대인의 안전을 보장하는 영역인 도넛 개
념을 창시했다. 세계 여러 도시 및 국가, 풀뿌리 조직에 정책 지원을 하는 '도넛
경제학 행동 연구소(Doughnut Economics Action Lab, DEAL)'의 공동 설립자다.
2017년 출간한 그의 저서《도넛 경제학》은 20여 개 언어로 번역됐고, 유엔 총회
에서부터 프란체스코 교황, 멸종 저항(Extinction Rebellion) 운동에 이르기까지
폭넓게 영향을 미치고 있다.

　　케이트 레이워스는 옥스퍼드대학교에서 정치·철학·경제학을 공부했고 개발
경제학으로 석사학위를 받았으며, 옥스퍼드대학교 환경 변화 연구소 선임연구원
으로 환경 변화와 운영에 관해 가르치고 있다. 지난 25년 동안, 아프리카 잔지바
르 농촌에서 마을 자립 경제를 만드는 활동을 했고, 유엔 개발 프로그램(UNDP)
의 대표 보고서인〈인간 개발 보고서〉를 공동으로 작성했으며, 학창 시절부터 꿈
꾸던 옥스팜에서 10년간 선임연구원으로 일했다. 현재 세계보건기구(WHO) 모
두를 위한 건강 경제학 위원회에 참가한다. 영국《가디언》은 '세계경제에 변화를
일으키는 트위터리안 10인'에 케이트 레이워스를 꼽았다.

추출 자본주의다. 사람과 자연으로부터 이윤이 될 모든 것을 뽑아내 물질적 풍요를 이뤘다. 소비할 때마다 존재를 인정받는다. 이민자인 내가 능숙하지 않은 영어로 뭔가를 말할 때 집중도 높게 상대의 관심을 사로잡을 때는 뭔가에 값을 지불할까 하는 순간이었다. 그리고 나의 소비는 조만간 쓰레기가 되어 지구 어딘가에 축적된다.

영국 옥스퍼드대학교에서 경제학을 가르치는 케이트 레이워스는 그의 책《도넛 경제학》에서 지난 200년간의 산업 활동을 '애벌레 경제'로 묘사했다. 애벌레가 먹고 소화하고 배설하듯, 지구에서 자원을 뽑아 온갖 제품을 만들고, 소비자에게 팔아 가능한 한 빨리 쓴 다음 버리게 하는 공급 사슬이다. 갉아먹힌 지구가 오늘 고통을 호소하고 있다. 생산자와 소비자 모두 이를 재난이라 부른

다. 케이트 레이워스는 이 일직선 경제를 재생과 회복으로 순환하는 나비의 날개를 닮은 경제로 설계하자고 제안했다. 그렇게 도넛 모양의 경제 모델은 세상에 나왔다. 유엔을 비롯해 세계 곳곳의 도시와 국가에서 "유레카!"를 외쳤고, 프란체스코 교황도 최근 발간한 저서《렛 어스 드림》에서 인류와 지구가 공존하며 번영을 이어갈 방안이라며 이를 실천하자 독려했다. 지난 7월 2일 오후 3시 30분(영국 옥스퍼드 현시 시각) 옥스퍼드대학교 연구실에 있는 그와 인터넷 화상으로 만났다.

지구와 공존하는
재생과 회복의 도넛 경제학

작년(2020년) 4월, 코로나19로 세계가 봉쇄된 상황 속에서 위기가 기회를 만든다는 것을 확인한 뉴스가 있었습니다. 바로 네덜란드 암스테르담에서 당신의 도넛 경제학 모델을 시 정책으로 추진한다는 선언이었습니다. 그들은 당신의 이론을 어떻게 실현하고 있나요?
암스테르담은 순환 경제로 가는 길을 만들고 있습니다. 2023년까지 10퍼센트 순환 전략을 이루고 2030년에는 50퍼센트, 2050년에는 완전한 순환 전략을 현실화하고자 합니다. 순환 전략은 새로운 원자재 소비를 줄이고 기존 자원을 다시 쓰고, 수명이 다한 제품은 재활용해서 쓸모를 살려내는 전략입니다. 소비재를 넘어 건축자재까지 아우릅니다. 암스테르담에서 추진 중인 주거 단지 아이버그IJburg(에이뷔르흐) 프로젝트의 경우 순환 전략 속에서 정책이 바뀌었어요. 인공섬 건설에 사용되는 배도 저공해 선박을 사용하고 기초 토대도 주변 야생동물에게 해를 입히지 않도록 추진합니다. 주택은 탄소 및 폐기물 배출 제로로 디자인되며 시민들이 부담 없는 임대료로 장기간 살 수 있는 사회 주택을 우선으로 건설합니다. 무엇보다 자연과 가까이 지내는 환경을 조성하죠. 20년 전까지만 해도 가능한 한 빨리 주택을 공급하는 데 매진하던 주택 정책입니다.

지금은 더 지속 가능하고 순환할 수 있는 자재를 사용하도록 시 소유 건물을 지을 때, 시공사들이 '자재 여권'을 받도록 표준을 만들었습니다. 건물을 철거할 때 그 자재를 다시 사용하기 위해서죠. 암스테르담은 도시의 모든 구조를 차근차근 바꿔나가고 있어요. 시민들의 일상을 바꾸는 겁니다. 무엇을 먹고, 어떻게 이동하고, 어떤 공기를 마시며, 어떻게 아이를 키우고, 어디에서 일하고 여가를 즐길 것인가 하는 삶의 모든 자원을 지구와 공존하는 방식으로 이뤄갑니다. 우리의 목표와 답은 모두 순환 전략에 있습니다.

케이트 레이워스

순환 전략이라고 했는데, 기본적으로 코로나19를 겪으면서 우리는 너무도 많은 일회용 쓰레기를 배출하고 있습니다. 수천 년이 지나면 지금의 시대를 플라스틱 문명이라고 부를 거라 말해왔지만, 지난 1년 반 동안 전 세계적으로 배출된 플라스틱 양을 보면 후세가 대체 2020년에 지구에 어떤 일이 있었길래 플라스틱 폭발이 있었나 의아해할 것 같아요.

코로나19에 감염되지 않기 위해 우리는 자신을 보호하고자 일회용품을 많이 사용하고 있습니다. 그런데 말이죠, 지금 당장 두려움에 일회용품을 쓰고 버리는 것이 진정으로 우리를 보호하는 길일까요? 코로나19가 지나가도 우리는 살아야 합니다. 그러므로 안전하고 지속해서 살아갈 수 있는 길을 만들어야 해요. 길을 가다 아이스 카페라떼를 사서는 2분 뒤에 쓰레기통에 버립니다. 순환 전략은 다른 방식을 제안해요.

2020년 6월에 덴마크 코펜하겐에서도 도넛 경제학을 시의 주요한 정책 방안으로 채택했는데요, 덴마크에서는 오래전부터 플라스틱이나 캔 대신에 유리병을 사용해왔습니다. 콜라나 맥주 같은 음료를 유리병에 담아 팔고, 이 유리병도 일회용이 아니라 재사용할 수 있는 병을 쓰도록 법으로 규제하고 있어요. 의무 사항입니다. 주 명령에 따라 음료 제조업체가 소독하고 리필 가능한 병만 판매합니다. 소비자가 음료를 마시고 수집함에 넣으면 병값을 돌려받고, 제조회사는 이를 수거해서 소독한 다음 다시 채워

상점에 진열합니다. 물론 일회용 병보다 단가는 비쌉니다. 하지만 한 번 사용할 때만 비싸요. 스무 번 사용한다면, 일회용 병값은 그대로 스무 개 값이 들어가지만, 재활용 병은 단가가 계속 내려가 거의 제로가 됩니다. 새로운 포장에 붙는 세금도 면제되고요. 덴마크의 유리병 재활용률은 약 95퍼센트입니다. 에너지 소비도 줄어들죠. 무엇보다 물건을 소비하는 우리의 마음가짐이 달라집니다. 도넛 경제는 모두가 공유하는 우리의 환경과 나의 안전을 보장하는 방식을 염두에 두며 소비하도록 행정과 시장이 협력하는 방식입니다.

2017년에 《도넛 경제학》이 나왔을 때, 환경과 경제가 충돌하지 않고 나아갈 방향이 구체적으로 제시되어 있어 희망적이었습니다. 그런데 한편으로 먹고살 만한 사람이 환경도 신경 쓸 수 있는 것 아닌가 하는 생각이 들었습니다. 잘사는 동네 식료품점에 유기농 식자재가 냉장고를 채우듯이요.
도넛은 안전지대입니다. 기후 위기와 코로나19 압력 속에서 우리의 일상은 부담을 안고 있습니다. 게다가 인종, 젠더, 부와 권력의 불평등과 함께하죠. 지금 발생하는 위기들은 인간이 창조해놓은 시스템의 결과입니다. 한순간에 우리를 강타할 위험 요소들이 주변을 채우고 있습니다. 이제 우리 앞에 놓인 100년에 알맞은 계획을 세워야 합니다. 저는 21세기 인간의 번영을 제시하는 나침반을

케이트 레이워스

생각하며 도넛을 제안했습니다. 도넛 모양의 경제 모델입니다. 도넛 모양 안에 있다면 누구나 인간다운 생활을 누릴 수 있습니다. 그 누구도 도넛 가운데 구멍으로 떨어지지 않도록 사회적 안전망으로 지켜내는 목표를 갖습니다. 음식이나 물, 의료 자원, 살 집이 마련되고, 정치적인 목소리와 사회적 평등이 보장되는 21세기 인간이 누려야 할 핵심적인 삶의 조건입니다.

그리고 동시에 생태적인 천정을 침범하지 않는 사회를 만드는 겁니다. 우리는 물질 소비를 쫓는 20세기 사고 속에서 지구에 너무도 많은 압력을 넣었어요. 이 별의 균형이 흐트러지도록 몰아쳤습니다. 기후를 망가뜨렸고, 바다를 산성화시켰고, 오존층에 구멍을 냈습니다. 생태계와 생물 다양성에 중대한 손실을 입혔죠. 과도한 인간 활동이 침범한 경계에는 화학 오염, 질소와 인 축적, 담수 고갈, 토지 개간이 대표적으로 포함됩니다. 바로 이 아홉 가지 경계선을 압박하지 않도록 우리의 집인 지구를 안정적으로 지켜내는 것이 또 하나의 목표입니다.

지금 도저히 우리가 이 도넛 안에 안락하게 있다고 보이지는 않습니다. 같은 공간에 있다고 해도 누군가의 삶은 구멍 아래로 추락했고요. 다만 천정을 형성하는 도넛 바깥 경계가 상당히 침범당해서 위태로움을 함께 나누고 있고, 그것이 우리가 모두 평등하게 누리는 것일 뿐입니다.

네, 우리는 이 도넛의 역동적인 균형에서 한참 벗어난 오늘을 살고 있죠. 지구 단위로 보면 수억 명의 사람들이 기본적인 생활 조건에 못 미치고 있고요. 생태적 위기는 가속하고 있습니다. 그래서 20세기 경제학 이론들, 정책가, 기업 리더와 지역 활동가 들이 미처 시도하지 못한 도전을 21세기인 지금 해야 하는 겁니다. 우리 아이들의 아이들이 오늘 우리의 도전을 기분 좋게 기억하며 여유롭게 살 수 있도록 우리 시대의 정책가, 기업인, 시민 들이 해야 하는 도전입니다. 바닥을 안전하게 잡아주고 천정을 파괴하지 않도록요. 사회적 주택을 만들어 주거비용을 낮추고 의료보험 적용 대상을 넓히고, 질 좋은 교육을 누구나 누리고, 공해를 내뿜지 않으며 누구나 탈 수 있는 대중교통 시스템, 차별을 없애는 제도 등 사람들의 요구에 맞춰가는 겁니다.

당신 집 옆이 숲이고 냇가라면 어떨까요? 그렇지 않더라도 마치 숲에 있는 것처럼 이산화탄소를 격리하는 건축이라면요? 삼나무 숲속 나무 위에 있듯 시원한 공기를 마실 수 있다면요? 가능한 일입니다. 사람들의 생계를 안전하게 보장하고 자연을 살리며 나아가는 겁니다. 모든 음식, 옷, 전자제품, 소비재, 건축자재 들이 매일 전 세계로부터 우리가 소비하는 이곳으로 옵니다. 그러고는 쓰레기가 되어 나가요. 지구적 차원에서 자원을 생각해보는 겁니다. 탄소 배출, 물 남용, 비료, 광물 채취 등등요. 그런 다음 묻는 겁니다. 세계인의 안녕을 내가 있는 이곳에서 보살필 수 있을까? 사

케이트 레이워스

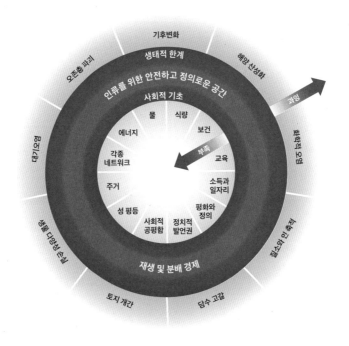

21세기 나침반이 되어줄 도넛

회적·생태적·지역적·지구적 렌즈로 우리 주변을 살피는 거예요. 도전과 기회가 21세기 우리의 일상에 함께 놓여 있습니다. 지금 암스테르담의 시민과 정책가, 사업가 들이 다 같이 모여 워크숍도 하며 이 목표에 다가가고 있습니다.

진정한 그린 뉴딜의 실현은
소유하지 않는 소비에 있다

저는 전부터 그린 뉴딜을 응원해왔습니다. 재생에너지로 인프라를 바꿔야 한다는 생각에는 변함이 없는데요, 지금 전기차를 사려는 사람들이 줄 선 상황에 관해서는 조금 회의적입니다. "과연 우리의 탄소 에너지 인프라에서 벗어나려는 몸부림이 바른길을 가고 있는가?" 의문입니다. 특히 유럽뿐만 아니라 미국에서도 휘발유와 경유 차 판매를 금지하려 하는 지금 모두가 있던 차를 버리고 새 전기차를 산다면 지구가 지탱할까요? 다시 원자력발전소 폐쇄 정책을 멈춰야 한다는 목소리가 나오고 있습니다.

순환 에너지로 가야 함은 분명합니다. 하지만 그린 뉴딜에서 한 가지 빠진 점이 있어요. 바로 '소비'입니다. 한국도 영국처럼 내로라하는 에너지 소비 국가입니다. 우리 두 나라가 쓰는 전기량은 인구를 대비해서 1인당 사용량으로 나눠볼 것 없이 지구상에서 절대적으로 많은 것이 현실입니다. 우리는 지금처럼 전기를 쓸 수 있다는 생각부터 바꿔야 합니다.

자, 자동차 산업을 한번 보세요. 기업은 소비자가 3년마다 새 차로 바꾸기를 갈망합니다. 해마다 조금이라도 모양을 바꿔 신제품을 발표합니다. 그리고 그 해가 가기 전에 세일을 하죠. 이런 밀어내기 마케팅 전략 속에서 때마침 전기차가 부상한 겁니다. 새 차

케이트 레이워스

를 팔아야 하는데, 바로 전기차라는 급물살을 탄 거죠. 우리는 환경을 위해 탄소 배출을 줄이는 자동차를 구매하는 '생각 있는 소비자'로 변신해야 할까요? 그 많은 철과 리튬과 알루미늄을 또 배출해야 할까요? 소비하기 전에 차에 관한 생각을 점검해야 합니다. "과연 차를 소유해야 할까?" 저와 제 파트너는 차에 관한 생각을 바꿨습니다. 차를 소유하지 않기로 했어요. 걷거나 대중교통을 이용합니다. 정말 차 있을 때가 편했지, 라는 생각이 들 때도 있어요. 기업이나 지방정부에서 컨설팅을 의뢰하며 와주기를 바랄 때마다 그들이 원하는 시간보다 일주일 뒤를 제안합니다. 그들이야 답답하겠지만 어쩔 수 없어요. 대중교통을 이용하거나 차를 빌려야 하기 때문이죠. 쌍둥이를 키우기 때문에 차가 필요한 일이 수시로 생깁니다. 그래도 살펴보면 걷거나 자전거를 이용하거나 카풀을 할 수 있는 방법이 생겨요. 그저 '나의 편안함을 버리자' 마음먹기에 달렸더군요.

대부분 차는 당연히 소유하는 걸로 생각합니다. 그런데 우리가 비행기를 소유해야 한다고 생각하나요? 기차를 소유하자 하는 계획을 갖고 대출을 받습니까? 차도 마찬가지예요. 공유하고, 빌리고, 여럿이 함께 이용하는 대중교통이라고 생각할 수 있습니다. 사람들의 생각이 바뀌면 공공 정책도 바뀝니다. 대중교통 무료, 공유 차 무료, 자전거 대여 무료. 전기차를 각자 소유하지 않고도 충분히 사용할 수 있습니다.

경제 혁신의 실행은
기업이 아닌 국가의 역할

덩치 큰 교통수단을 누가 소유하겠다 생각하겠느냐고 여길 수도 있지만, 요즘 전동 킥보드 공유하는 것을 보면 규모와 비용 문제는 아니라 봅니다. 다만 기업이 가만히 있을까요? 시장을 뽑아도 실제 시장과 공무원이 일한다기보다 컨설팅 회사가 일하는 경우가 많습니다. 행정부조차 외주화됐습니다. 공무원은 입찰을 관리하고 그에 뽑힌 민간기업이 일합니다. 경전철 타당성을 보고한 컨설팅 회사는 건재하지만, 시민의 세금은 수백억 원이 사라지고, 도시는 괴물 철로를 이고 있는 현실이죠. 과연 우리에게 공공 정책을 가져갈 힘이 있을까요?

그래요. 지금의 행정부는 민간 부문으로 많은 부분 외주화됐습니다. 그런데 우리는 기업을 살펴볼 필요가 있습니다. 도넛 경제학은 기업과도 함께합니다. 우리에게는 수많은 기업이 있죠. 그리고 주요 기업의 최전선에는 반드시 로비스트들이 있습니다. 로비 그룹입니다. 우리는 기업에서 그 그룹만 빼내면 됩니다. 요즘 대학원을 나온 졸업생들은 자기들만의 혁신안을 갖고 있습니다. 어떻게 하면 바다를 오염시키지 않고 생산 작업을 유지할지 방법을 알고 있고, 독성 물질이 아닌 환경친화적인 방식으로 생산하고 순환할 화학 부문의 혁신안을 갖고 있습니다. 쓰레기로 버릴 것이 아

케이트 레이워스

니라 계속 사용하도록 수리하면서도 새로운 디자인을 보충하는 방안을 이미 개발했습니다. 단지 기존의 소비 중심 마케팅, 기존의 오염 배출을 유지할 수 있는 방식을 고수하는 경영의 최일선 로비 그룹만 해체하면 됩니다.

경제 질서가 공공의 이익을 위해 작동하려면 그런 의지가 있는 정부가 서고, 또 정부에 힘이 있어야 하는데요, 우리에게 있는 뿌리박힌 생각은 기업가는 효율적이지만 정부는 서투르다는 사고입니다. 혁신에 있어서 오히려 시장의 변화를 막고 있다는 질책이 정부를 향합니다.

이 부분은 경제학자 마리아나 마추카토Mariana Mazzucato가 분명하게 잘 말하고 있습니다. 우리는 지난 40년 가까이 정부를 축소해 왔어요. 정부의 역할을 시장에 위기 신호가 왔을 때 금리 등으로 조정에 나서는 위치로 한정하려고 압박해왔습니다. 이윤이 나는 공기업을 민영화하면서 확산한 사고가 정부는 느리고 위기 대응력이 약하고 비효율적이라는 프레임입니다. 정부의 역할을 시장에서 문제가 생겼을 경우 조정자 정도로 가둬놓고 있습니다. 하지만 혁신은 정부가 이뤄왔습니다. 오늘의 아이티IT 혁신 또한 정부와 국민의 세금이 주도한 겁니다. 인터넷은 미 국방부 산하 방위고등연구기획국Defense Advanced Research Project Agency, DARPA이 지원해 개발했고, GPS는 미국 해군이 만들도록 유인했습니다. 무엇보

생태적 위기는 가속하고 있습니다. 그래서
20세기 경제학 이론들, 정책가, 기업 리더와
지역 활동가 들이 미처 시도하지 못한
도전을 21세기인 지금 해야 하는 겁니다.
우리 아이들의 아이들이 오늘 우리의
도전을 기분 좋게 기억하며 여유롭게 살 수
있도록 우리 시대의 정책가, 기업인,
시민 들이 해야 하는 도전입니다.

다 기후 위기를 돌파할 방향성 설정 같은 거대한 규모의 프로젝트나 에너지 인프라 건설 프로젝트는 정부 아니면 할 수 없습니다.

기업들이 순환 경제 속으로 들어오게 하려면 정부는 어떤 설계를 해야 할까요?

역사적으로 각국 정부는 마땅히 세금을 매겨야 하는 쪽에 과세를 하지 않았습니다. 세금 매기기 편한 쪽에서 징수해왔습니다. 사람을 고용하는 기업에는 세금(지불 급여세)을 물리고 로봇을 구매하는 기업에는 보조금(자본 투자에 대한 소득공제)을 주고 토지와 여타 비재생 자원 사용에 대해서는 세금을 거의 물리지 않습니다. 2012년 유럽연합EU의 세수를 보면 50퍼센트 이상이 노동에 관한 세금이었습니다. 미국은 그 비율이 더 높고요. 이제는 노동이 아니라 비재생 자원 사용에 세금을 물려야 합니다. 여기에 재생에너지와 자원의 효율을 올리는 투자에 보조금을 주는 정책까지 더한다면 산업체들은 노동 생산성을 올리는 데서 자원 생산성을 올리는 쪽으로 이동할 거예요. 새로운 재료는 적게 사용하면서도 일자리는 늘어날 겁니다.

그리고 반드시 규제로 뒷받침해야만 합니다. 화학물질, 자연을 오염시키는 생산 과정을 퇴출시키고 생명 친화적인 화학 기술만 사용하도록 유도하면서 에너지 소비가 제로이거나 에너지를 생산하는 방향으로 산업표준을 바꿔가는 겁니다. 바로 국가가 주도적으로 진행해야 하는 변화죠. 조세와 규제, 구조를 다시 설계하고, 사회에 변화를 가져오는 투자를 늘리고 공공재의 역동성을 강화할 수 있는 능력은 오로지 국가만 갖고 있습니다.

영국을 비롯한 유럽과 미국은 코로나19에 정부가 무능하게 대처하면서 경제와 정치마저 뒤흔드는 팬데믹을 맞았습니다. 그 속에서 아스트라제네카와 화이자, 모더나는 발 빠르게 백신을 만들어냈고 그들의 경제는 다시 돌아가고 있습니다. 그만큼 위기 타개에 있어 기업이 기민하다는 믿음을 또 한 번 줬습니다.

모든 백신은 공공 기금을 지원받았습니다. 모더나, 화이자를 포함해서 모두요. 특히 아스트라제네카 백신은 더 전폭적인 공공 기금으로 개발됐습니다. 그리고 그 백신을 누가 연구합니까? 제약회사가 연구원을 초등학교부터 대학원까지 교육했나요? 특히 기초과학 연구는 국가기관이 하고 있고, 수많은 연구 결과를 공개하고 있습니다. 단지 제약회사는 도구로서 그 연구들을 가져가 부분적인 혁신을 한 겁니다. 기업들은 공공 연구 결과물을 가져가 쓰는 도구 사용자예요. 마지막 순간에 자신들의 저작권을 붙여 이윤을 불리고 있습니다.

케이트 레이워스

성장 지상주의에서 벗어나기
삶의 질 향상이 먼저다

ESG라는 말이 곳곳에서 나옵니다. 한국에 오니 텔레비전이나 은행 광고에, 신문과 자동차 광고에 넘쳐납니다. ESG는 환경 Environmental, 사회Social, 지배구조Governance의 앞 글자를 딴 단어로서, '환경·사회·지배구조 경영'이라는 뜻을 담고 있죠. 환경과 사회를 생각하는 기업이라는 말로 드디어 기업이 소비자의 마음을 쫓아오는구나 싶습니다. 반면에 좋게만 들리지 않습니다. 혹자는 홍보용 그린 워싱 아니냐며 의심합니다.

ESG라는 알파벳 세 글자가 기업들이 추구하는 행위에 맞는 말인지는 모르겠습니다. 다들 그 단어를 쓰니 써주죠. 비즈니스 분야는 연일 ESG로 번잡합니다. ESG 포럼, 콘퍼런스, 회의, 강연 등 온통 분주하게 장을 펼치고 전문가를 부르고 광고를 합니다. 기업이 관여하는 사적 분야와 정부가 주도하는 공적 분야는 협력하며 작동해야 합니다. 그래야만 순환 경제가 가능해집니다. 기업들이 단지 '우리는 해를 끼치지 않는다'라는 홍보를 넘어 공익을 생각한다고 돈을 들여 광고하는 점은 반가운 변화입니다. 하지만 우리는 그들의 행보를 잘 살펴봐야 합니다. 기업이 이윤을 추구하면서 공익을 해치지 않는 경영을 하는 것은 기본입니다.

공익을 해친다면 불법이죠.

그동안 너무도 많은 부분이 용인됐어요. 이제는 적극적으로 공공의 이익을 위해 행동해야 기업도 번영합니다. 기업이 스스로 '어떻게 하면 거대한 삼나무 숲처럼 아낌없이 베푸는 존재가 될까'를 자문할 때입니다. 기업 내규에 순환 경제에 관한 책임과 약속을 명문화하고 기업 지배구조에도 반영한다면 사회적 책임을 하려한다고 볼 수 있겠죠. 그런 면에서 지금의 요란한 ESG를 그린 워싱이라고 보는 소비자들의 시선은 바르다고 여깁니다.

코로나19 기간에도 그렇고, 지금도 경제성장을 무시하지 못합니다. 우리는 성장 중독에 빠졌다고 볼 수도 있지만, '다시 뛰는 대한민국, 일류 국가 대한민국'이라는 목표를 버리기 어려운 관성에 사로잡혀 있습니다. 사실 저성장의 고통은 취약한 사람들에게 더욱더 치명적입니다.

성장 척도를 알려주는 GDP 맹신에서 벗어나야 합니다. 지금은 21세기입니다. 삶의 지표를 나타내는 지수가 GDP 말고도 다양하게 있습니다. 1인당 소득뿐만 아니라 건강과 교육까지 나타내는 인간 개발 지수를 비롯해 행복한 지구 지수, 포괄적 부 지수, 사회진보 지수 등 계속 등장합니다. GDP를 개발한 사이먼 쿠즈네츠 Simon Kuznets가 살아 돌아온다면 "지금은 21세기다. 수많은 자료가 있는데 왜 아직도 GDP 하나로 운전하려 하느냐"라고 한탄할지

케이트 레이워스

몰라요.

요즘 다들 혁신과 도전을 이야기하며 지구 밖으로 나가려 하죠. 하지만 우리가 살 수 있는 곳은 이 지구 안이에요. 여기에 먹고 살고 편안하고 기운을 주는 모든 것이 있습니다. 20세기 성장 지상주의 속에서 불평등의 골은 깊어졌습니다. 분배를 통해 모두가 도넛 안에서 기본 생활을 할 수 있도록 해야 합니다. 지구 안의 삶에 집중해서 혁신을 이룬다면, 우리는 무수히 많은 일자리를 창출할 수 있습니다. 오염을 제거하고, 순환 경제를 위해 재생하는 물건으로 방향을 전환한다면 로봇이 만들어내는 새 공장의 생산 라인이 아니라 사람이 숙련해서 일하는 새로운 분야가 생겨날 거예요.

영국 정부에게 저는 이렇게 조언해왔습니다. "영국은 2차 산업을 일으키며 최고의 혁신 경제국가로 발돋움했다. 이제 순환 전략 속에서 도넛 경제로 다시 최고의 혁신 국가로 일어나자"라고요. 한국은 놀라운 성장으로 부자 산업 대국이 됐습니다. 이제 새로 방향을 돌파하는 경제 혁신으로 '최고 강국이 나아가는 미래 산업이란 이곳이다'라고 길잡이해주기를 바랍니다. 미래 산업은 우주가 아니라 바로 이 지구를 살기 좋게 만드는 그곳에 있다고요. 그리고 한국은 지구적인 책임을 가져야 합니다. 선진 경제 대국으로서 갖는 세계인에 대한 책무죠. 세계의 문제는 벌써부터 지구적으로 일어나고 있습니다. 지금 코로나19로 아시아와 아프리카는 말할 수 없이 어려운 상황입니다.

2030년까지 탄소 에너지를 절반으로 줄여야 한다는 대전제를 던져놓으면 그 안에서 다양한 혁신이 일어날 수 있을까요?

가능합니다. 우리에게 모든 자원이 있습니다. 혁신을 이뤄낼 기술, 창의력까지 갖고 있죠. 그리고 또 하나, 저는 한국 사람들이 우리 영국인들보다 자연과 좀 더 가깝게 연결되어 있다고 생각하는데요, 우리는 자연에서 가장 핵심적인 혁신 아이디어를 얻을 수 있습니다. 자연은 결코 성장을 추구하지 않습니다. 잘 들여다보세요. 우리 생태계는 성장을 추구해오지 않았어요. 지속 가능하도록 회복하고 재생하며 자신을 지켜왔죠. 씨앗은 나무로 자라고 썩어서 흙이 되어 또 다른 생명을 키웁니다. 온갖 균류와 곤충, 빗물과 햇빛에 이르기까지 무수한 생명 요소들이 함께 작용하며 스스로 계속 새로워지는 생태계를 형성해가고 있습니다. 산업의 경우 냉장고, 노트북, 컴퓨터 제조업체가 자기 회사 제품만 회수해 재생하려 한다면 전체 시스템 차원의 재생 잠재력은 목표를 달성할 수 없을 거예요. 공개된 표준으로 오픈 소스 설계 원리를 사용한다면 전체적인 물질 순환이 일어납니다. 이런 가치에 동참하는 회사들이 아프리카 스타트업계뿐만 아니라 실리콘밸리에서도 활동하고 있습니다.

생명 유기체는 자신을 스스로 유지할 수 있습니다. 아이의 발은 18년이 지나면 성장을 멈추지만, 그다음 80년간 완벽하게 건강을 유지할 수 있죠. 아마 우리 인간이 계속 성장만 한다면 암 덩어리

케이트 레이워스

몸이 될 겁니다. 아마존 열대우림도 5천만 년 이상 번성하고 있어요. 태양의 수명이 다하는 시간은 50억 년 후이니까, 지구는 앞으로도 50억 년은 안정을 누릴 겁니다. 인간이 지구를 더 덥고 건조하고 위태롭게 몰아붙이지만 않는다면요. 적어도 5만 년은 번영할 거예요. 경제의 목적은 드넓은 생명의 망 속에서 번영하는 겁니다. 자연을 보면 확실한 답이 나옵니다.

우리의 삶은 홀로 설 수 없다
공동체 연대의 필요성

커뮤니티에 관한 당신의 정의를 알고 싶습니다. 저는 지역경제를 답이라 생각해왔기에 주류 경제학자들이 커뮤니티를 경제의 한 요소로 부각할 때, 반가움이 일었습니다. 풀뿌리에서 수많은 운동가와 지역 주민 들이 일궈오는 관계 전환의 중요성을 인정받는다는 점이 벅찼어요. 그런데 커뮤니티를 번역할 때마다 난감합니다. 공동체라고 옮기자니 독자들이 종교 공동체처럼 소속된 단위를 떠올리지 않을까 하는 점 때문에요.

제가 지금 밖에 나가면 옥스퍼드대학교에 있는 사람들을 보게 될 겁니다. 집이라면 이웃들과 마주치겠죠. 이것도 커뮤니티예요. 하지만 코로나19 시절에 우리는 인터넷으로 사람들을 만나왔어요. 멀리 떨어져 있어서 조만간 만나기 어려운 사람들일지라도 우리는 생각을 나누며 때로는 친근한 마음을 갖고, 감정과 정보를 나눕니다. 저는 이것도 커뮤니티라고 생각해요. 제가 생각하는 '영향받는 관계 속에 있는 사람들'입니다. 제 친구가 비건이 됐다고 말했을 때, 저는 고기 먹는 식습관에 관해 생각해보고 영향을 받았어요. 제가 자동차를 팔고 주로 걸어 다닌다고 이야기하면 제 관계 속 누군가는 차 타고 다니던 가까운 거리를 걸어 다니기 시작했을지 모릅니다. 제가 생각하는 기업 운영 방식에 영향받은 누군가는 자기 기업에서 변화를 만들어내기도 했어요. 그러니까 커뮤니티는 '영향을 주고받는 범위에 있는 관계'라고 생각합니다.

이탈리아어에서 커뮤니티를 말하는 단어는 오래전 마을 언덕에 올라 한눈에 보이는 범위라고 합니다. 이 말을 들었을 때 '마을'이구나라는 생각을 했습니다. 서로의 관계를 보살피는 지역경제, 그러니까 생산자와 소비자가 서로의 건강을 염려하며 거래가 이뤄지는 경제 단위로 봤죠. 그런데 관계를 중심에 놓으니 확장된 관계도 커뮤니티, 공동체로 부를 수 있다 여겨지네요. 관계에 따라 공간적인 범위는 변할 수 있겠습니다. 국가 공동체라는 말도 전에는 국민을 통제하려는 의도로 하나의 생각을 강조하는 뉘앙스가 느껴졌는데, 이도 그 안에서 다양성을 존중하는 관계를 맺는다면, 보살핌이 있는 공동체다울 수 있겠다 싶습니다. 지구에 사는 모든 생명체가 안전과 여유를 누리도록 서로 염려하고 보살핀다면 지

케이트 레이워스

구촌 공동체가 꼭 바이러스로 묶인 오늘의 코로나19 시절처럼 암울하지만은 않을 것 같습니다.

당신은 세계에서 가장 바쁜 경제학자로 통합니다.《도넛 경제학》책을 내고 수많은 국제 포럼뿐 아니라 국가수반들이 주재하는 회의 등에서 강의했습니다. 반가운 점은 그들이 당신을 불렀다는 건데요, 한 가지 의문은 과연 그들이 당신의 말을 듣고 행동을 바꿨나 하는 점입니다.

《도넛 경제학》을 쓰기 전에는 저를 부르는 정부도 국제회의도 없었습니다. 그런데《도넛 경제학》이 나오자마자 곳곳에서 불렀어요. 일본, 뉴질랜드, 캐나다, 영국, 벨기에 등등 정부들이 연일 방문을 희망했고, 정책 개발을 요청했습니다. 월드뱅크같은 경제 조직들도 지속해서 요청해오고 있어요. 정부들의 경우 좌파 정권이든 우파 정권이든 모든 곳에서 우리(도넛 경제학 행동 연구소)에게 참여해달라고 요청했습니다. 그들의 태도는 매우 감동적이에요. 경청하며 검토하고 정책으로 개발해내죠.

그들의 모습 속에서 확실히 확인한 것이 하나 있습니다. 바로 이들도 모두 한계에 다다랐다는 현실입니다. 막다른 곳에서 돌파구를 찾고 있었어요. 제가 책을 쓸 때 한 가지 제외한 부분이 있는데요, 바로 정치예요. 정책 책임자, 국가나 정부의 리더 들을 위한 제안을 제외했습니다. 그것보다는 훨씬 더 높은 가치를 추구했죠. 당장 제가 불려가 쓰일 수 있는 단기간의 정책보다는 긴 시간을 염두에 둔 지구적인 경제에 대해 담고자 애썼습니다. 언젠가 제가 환경과 삶의 질을 개선해나갈 방향에 관해 열의에 차서 이야기하고 나오는데, 한 정책가가 이런 말을 했습니다. "당신은 우리가 처한 상황에 대해 매우 낙관적이시군요." 제가 희망적인 대안을 이야기한다는 거예요. 저는 오늘의 상황을 너무도 비관적으로 바라보는 사람이라서 저 스스로 열정을 북돋으려 애쓰는데, 반대 반응이 나온 거죠.

곧이어 한국은 대통령 선거 열풍으로 들어갑니다. 지금 두각을 나타내는 후보들이 있습니다. 매일 뉴스에서 그들의 말을 반복하고 과연 누구 지지도가 더 높을까 여론조사를 보도합니다. 후보 중에는 불평등을 해결하겠다는 정책을 제시하며 적극적인 정책을 제기하는 이들이 여럿 있습니다. 그렇지만 기후 비상사태에 대한 언급은 진보와 보수를 아울러 찾기 어렵습니다.
정말인가요? 당장 우리에게 닥친 긴급한 사안이잖아요.

지금까지는 그렇습니다. 그런데 정말 우리에게 남은 시간이 10년인가요? 탄소 배출량을 2030년까지 절반으로 줄이지 않으면 되돌리기 어려운 고통의 다음 단계로 넘어가나요?
가슴 아프지만 저는 지금 이 순간에도 그 선을 넘어가고 있다고 봅니다. 2030년이라는 숫자는 과학자들이 제시한 시간이 아닙니

케이트 레이워스

다. 2050년까지 탄소 배출 제로로 만들어야 한다고 외치지만, 이 숫자들은 정치인들이 선택한 숫자일 뿐이에요. 그들은 매번 뒤로 미뤄왔습니다. 괜찮겠지, 하는 관성에 젖어 1990년대부터 지금까지 계속 기한을 연장하며 마지못해 "2030년까지 탄소 배출량을 반으로 줄여야 한다" "2050년까지 탄소 중립을 완성해야 한다"라고 협상하고 있는 겁니다. 그리고 11월 영국 글래스고에서 개최하는 제26차 유엔 기후변화협약 당사국 총회에서 결의하리라는 보도가 나오는데요, 주최국인 영국조차도 지금 구체적인 방안을 내고 움직이지 않습니다. 속 타는 일이에요.

신자유주의 속에서 우리는 뼛속까지 신자유주의 문화에 물들어 있습니다. 점점 치열한 경쟁이 교실까지 잠식했는데요, 과연 우리가 연대를 이뤄가며 나아갈 수 있을까요?

밀턴 프리드먼과 프리드리히 하이에크, 이 두 경제학자와 두 정치 지도자 마거릿 대처, 로널드 레이건이 만들어낸 체제죠. 대처는 우리 각자를 따로따로 분리해냈어요. 시장에서 존재하는 인간으로 각자가 홀로 치열히 경쟁하며 생존하도록 개인을 강조했습니다. 개인이 자신을 스스로 지켜내도록 몰아쳤죠. 하지만 우리의 삶은 홀로 존재하지 않습니다. 우리는 서로에게 의존해서 살아갈 수밖에 없는 존재입니다. 지구상에 있는 생명은 대부분 홀로 존재하지 못합니다. 특히 인간은 월등히 사회적인 동물입니다. 당연히 서로의 이익을 위해 나아갈 수밖에 없죠. 강력한 비전을 창조합시다. 전환을 위해 나아가는 겁니다. 지역과 전체를 생각하는 마음에 여타의 모든 방법을 결합해서 전환점을 만듭시다. 각자 할 수 있는 그곳에서부터 지역과 세계를 모니터하는 거예요. 지역의 정책이 도넛 밖으로 나가지 않도록요. 지속적으로, 창의적으로 그리고 즐겁게 해나갑시다.

인류의 사회적·생태적 삶을
돌보는 방법을 모색하자

케이트 레이워스의 도넛 경제학은 도넛 경제학 행동 연구소를 통해 세계 각지에서 정책으로 실현되고 있다. 코스타리카를 선두로 국가 단위에서 실현되고 있을 뿐 아니라 덴마크 코펜하겐, 캐나다 너나이모, 미국 포틀랜드, 필라델피아, 영국 레이디우드 등에서도 실현되고 있다. 그뿐만 아니라 시민 주도 운동으로 캘리포니아 전역, 시애틀, 상파울로, 베를린, 쿠알라룸프르 등에서 아래로부터의 전환이 이뤄지고 있다. 마을이 바뀌고, 의회의 의제가 바뀌며 지역 기업과 시장이 변화한다.

도넛 경제학 행동 연구소는 세계 각지에 퍼져 있는 연구원과 공개된 정책 자료를 통해《포춘》선정 500대 기업뿐만 아니라 마을 단위에서 인큐베이터되는 기업까지 아낌없이 지원하고 있다. 특히 시 단위의 변화는 서울, 베이징, 런던, 파리, 뉴욕 등 세계 주요 87개 도시가 생태적 전환과 삶의 질 개선에 동참하고자 참여하는 C40 그룹과 협력하는데,《암스테르담 정책 방법론Amsterdam's City Portrait》을 함께 펴냈다(이 자료집은 누구나 도넛 경제학 행동 연구소 웹사이트doughnuteconomics.org에서 확인할 수 있다). 교통과 대기뿐 아니라 실업, 도시 농장, 패스트 패션에 이르기까지 지역을 보살피며 지구 전체의 환경을 개선하고 시민의 사회적·생태적 삶의 조건을 보살피는 방법론이 펼쳐져 있다. 생태적 환경을 만들고 마을 운동이 활발히 이뤄져온 서울의 내일이 더 단단해지기를 바라며, 우리 땅 곳곳에 불평등과 환경을 보살피는 정책 방향에 대한 논의가 깊어지기를 희망한다.

다니엘 코엔

불평등은 세계경제에 어떤 영향을 끼치는가

"최소한의 안전망 위에 발 딛고 있다면
좀 더 나은 일자리를 찾는 데 시간을
벌 수 있습니다. 배곯지 않고 삶을
계획할 수 있다면 정말 멋지지 않을까요?"

다니엘 코엔   Daniel Cohen

프랑스를 대표하는 경제학자. 1953년 튀니지 출생. 프랑스 파리고등사범학교에
서 수학했으며 현재 파리1대학, 파리 경제대학, 파리고등사범학교 경제학 교수
로 재직 중이다. 그는 파리 경제대학 공동설립자다. 다양한 저서를 통해 경제 현
상에 대한 대중의 이해를 높이고 대중매체를 통해 경제정책뿐 아니라 정치적 쟁
점에 대해서도 활발히 발언하고 있다. 사회적 영향력을 크게 끼치는 경제학자다.
특히 개발도상국의 부채 및 성장 문제에 관해 많은 연구를 수행해왔다. 시장방임
주의적 담론에 비판적이며 스스로를 실용적 경제학자로 규정하는 코엔은 프랑스
정부와 국제기구의 정책 수립에도 적극 관여해왔다.
　　　1987년 프랑스 경제과학협회 올해의 수상자로 선정된 이래 1997년《르 누벨
이코노미스트》선정 '올해의 경제학자', 2000년 도덕 및 정치 과학 아카데미의 레
옹 포셔상, 2001년 레지옹 도뇌르 슈발리에(Ordre national de la Légion d'honneur,
Chevalier) 훈장 수훈을 비롯해 2012년 경제학상 등 다수의 상을 받았다.
　　　지은 책으로 2000년에 올해의 경제학 도서상에 선정된《우리의 현대(Nos
Temps Modernes)》, 2012년 올해의 경제학 도서상에 선정된《호모 이코노미쿠
스》를 비롯해 2009년 프랑스를 들썩이게 했던《악의 번영》《화폐, 부, 부채》
《세계화와 그 적들》《출구 없는 사회》등이 있으며, 최근작으로는 산업 질서 붕
괴와 디지털 경제 등장을 정치경제적으로 분석한《유럽을 성찰하다》가 있다.

만남

2021년 7월 5일

파리

코로나19 위기 속에서 1년 반이 지나며 산업 각 분야의 상황이 드러났다. 코로나19 위기의 성격이 그동안 반복됐던 금융 위기들과는 다름을 보여준다. 휘청거린 분야만큼이나 급속한 성장을 이룬 분야들이 도드라진다. 다니엘 코엔 파리 경제대학 교수는 현재의 위기를 대면으로 조직된 서비스 경제의 위기라 진단하며 세상은 이에 대한 응답으로 디지털 자본주의로 급속히 전환하고 있다고 강조한다. 아이티 혁명이라는 환호 속에서 출현한 디지털 산업이 자본주의의 체질을 바꿔놓았다. 그 속에서 20세기에 이뤄낸 인간다운 삶을 위한 안전장치들이 스러지고 있다.

노동시장만이 아니다. 개인의 모든 활동이 정보로 축적되는 시대, 우리는 안전한가? 코로나19 위기의 끝에 무엇이 놓여 있으며, 지금 우리는 무엇을 준비해야 하는지, 주목해야 할 전환의 지점을

다니엘 코엔

살펴본다. 지난 7월 5일 오후 3시(프랑스 파리 현재 시각) 파리 경제 대학 연구실에 있는 다니엘 코엔 교수와 인터넷 화상으로 이야기를 나눴다.

디지털 자본주의로의
전환이 시작됐다

지난해(2020년) 코로나19로 경제가 위협받자 여러 경제학자들이 세계화된 신자유주의 구조에서 위기의 원인을 찾았습니다. 코로나19가 자본주의 질서에도 변화를 가져올까요?

팬데믹이 시작됐을 때 많은 사람이 세계화된 신자유주의의 종말을 그려보기도 했습니다. 프랑스에서는 자본주의는 끝날 것이라는 사고까지 등장했습니다. 2008년 금융 위기가 일어난 다음, 금융자본주의와 세계화 자본주의에 반대하는 격렬한 저항(오큐파이 운동)이 있었고 위기가 반복되어서 더 그렇습니다. 하지만 저는 지금의 위기를 일종의 자본주의의 종말로 생각하는 것은 실수라고 봅니다. 그럼에도 새로운 뭔가가 시작되고 있습니다. 바로 디지털 경제의 서막입니다. 디지털 자본주의죠. 새로운 기술이 폭발하고 있어요. 우리가 지금 소통하는 줌Zoom이 그렇듯 어디에 있든지 쉽게 연결됩니다. 넷플릭스, 아마존 등의 사용자가 폭발적으로 늘었어요. 코로나19 속에서 디지털 의학이 꽃을 피우는 것을 봤듯 재택근무가 새로운 노동 형태가 됐습니다. 저는 앞으로도 지속되리라 봅니다. 개선되면서 유지될 거예요.

옥스퍼드대학교 인류미래연구소 닉 보스트롬 소장은 "대면 접촉 욕구는 다시 회복될 것이며 이전 상태로 돌아갈 것"이라고 했는데요, 부동산 시장을 보면 다른 경향을 실감합니다. 기업들이 도심 사무실을 축소하고 재택근무로 돌리는 상황입니다. 요즘 부동산 회사에서 중개인들에게 내리는 지침이 큰 집을 확보하라는 겁니다. 가족 모두가 각자의 방을 갖고자 하는 구매자들의 욕구 때문입니다.

디지털 경제와 관련해 겉으로는 잘 드러나지 않지만 깔려 있는 경향들을 봅니다. 1980년대에 시작한 경제 서사는 "서비스 경제체제를 완수해야 한다"였어요. 서비스 경제는 대면 경제로 노동집약적입니다. 당신이 판매하는 상품은 시간이죠. 미장원에 가서 머리를 자르고, 의사에게 가서 치료받고, 누군가가 당신을 돌볼 겁니다. 물질적인 생산물을 제조하는 활동이 아니라 생산자와 고객이 시간을 얼마나 보내는가로 산출되는 생산이기에 서비스 경제라고 합니다. 자본주의 관점에서 보면 대면하는 데에는 비용이 많이 듭니다. 두어 시간 만나기 위해 4~5시간 혹은 10시간씩 걸려서 가야 하죠. 저는 서비스 경제야말로 최초의 산업 경제라고 규정합니다. 그리고 지금 등장하는 디지털 경제를 '탈산업화 사회의 산업화'라고 명명해요. 산업 전반에서 디지털화 과정이 아주 많이 이뤄지고 있습니다. 우리는 디지털 자본주의라고 불릴 새 체제의 첫 세대입니다.

앞선 질문으로 다시 돌아가보겠습니다. 코로나19 위기를 글로벌 제조업의 위기로 해석하는 사람이 많은데, 선생님은 동의하지 않는 건가요?

잘못된 해석이라고 생각합니다. 저는 코로나19 위기를 서비스 경제의 위기로서, 21세기에 맞는 첫 번째 위기라고 생각합니다. 그리고 디지털 경제는 이러한 서비스 경제의 위기에 관한 응답입니다. 코로나19 위기가 우리 경제가 지나치게 세계화했음을 보여주는 것은 사실입니다. 기후변화로 야기된 팬데믹이 그동안 제품을 만들고 판매해온 방식에 문제가 있다는 것을 알아차리도록 했어요. 우리는 세계의 어느 한구석에서 다른 한구석으로 원료를 가져가 조립하고 또 다른 구석으로 가져가 완성합니다. 엄청난 탄소를 배출합니다. 국가와 개인 들은 이 세계화된 제조 유통 사슬이 가치가 있는지 점검해야만 한다는 것을 인식한 겁니다.

그래요. 팬데믹은 시스템의 약점을 보여줬습니다. 하지만 이 또한 몇 달 정도일 뿐 오래 지속되지 않았어요. 감정적인 느낌만 남왔습니다. '너무 많은 물건이 너무 먼 곳에서 오고 있다. 차량 부품 같은 필수품이 먼 곳에서 온다는 것은 약점이다. 겨울에 굳이 지구 저편에서 체리를 가져와 슈퍼마켓에서 팔 필요는 없다' 이런 종류의 자각입니다. 이런 자각은 캠페인이나 운동으로 진행될 거예요. 세계화 방식을 더 이상 비용으로 보지 않을 테니까요.

대신 다른 지점에서 세계화 균열이 일어나리라 전망합니다. 중국은 계속 세계화의 중심에 있을 텐데, 더 많은 자재를 수입하고 제조할 거예요. 하지만 앞으로 50년 정도 내수에 집중할 겁니다. 국제적으로 나갈 제품은 줄고, 중국에서 제조해서 자기 나라로 가져가던 업체들은 공장을 어디로 옮길지 생각해야 하죠. 그러면 제조업은 자국과 가까운 곳으로 바뀔 겁니다. 그럼에도 현재의 위기에 대한 저의 해석은 '재설계를 요구하는 21세기 서비스 경제의 위기'라는 것을 강조하겠습니다.

우리의 삶을 위협하는
플랫폼 기업의 독점

이제 우리는 다른 차원의 자본주의, 디지털 자본주의를 맞았다는 말인데요, 글로벌 자본의 중심에는 플랫폼 기업이 있습니다. 애플, 마이크로소프트, 아마존, 구글의 2020년 말 시가총액은 1조 달러를 넘었고, 그들은 상위 5위 안에 들었습니다. 다음은 페이스

다니엘 코엔

북, 텐센트Tencent, 알리바바이고요. 한국에서는 네이버(4위)와 카카오(9위)가 시가총액 10위권에 올랐고, 미국에 상장된 쿠팡이 하이닉스(2위)와 비슷합니다. 독점은 경제를 망칠 뿐 아니라 민주주의를 위험에 빠뜨릴 수 있다고 생각합니다.

한 세기 전 자본주의의 새로운 물결이 시작될 때 겪었던 상황과 똑같은 자본주의 소아병을 지금 겪고 있습니다. 20세기 초에 모건 J. P Morgan은 전화 회사를 사들였습니다. 그리고 철강도 사들였죠. 20세기를 시작한다는 미명 아래 강도 남작들Robber Barons(로버 배론: 헨리 포드, 앤드루 카네기, 존 록펠러 같은 거부들)이 활개를 쳤습니다. 갑자기 너무 커져서 경쟁자가 존재하지 않는 소아병적인 산업들이 있었어요. 그들은 이윤이 늘어나는 길목을 막고 도전자들을 제압했습니다.

디지털 독점도 마찬가지입니다. 구글과 페이스북을 보면, 수입의 80퍼센트를 광고로 법니다. 매우 좁은 사회적 기반으로 볼 수 있는데요, 그들이 전 세계 광고의 100퍼센트를 소유한다면 어떻게 될까요? 그들은 좋은 서비스를 한다는 이미지 속에서 지구촌 사람들의 정보를 장악하고 있습니다. 당신의 정보가 당신에게 칫솔을 판매하는 데 사용될 거예요. 웃기는 일이죠. 구글은 인공지능 분야에서 매우 앞서 있습니다. 그들이 계속 번영하고자 한다면 다양한 분야로 진출할 텐데, 아마도 구글 자율 주행 자동차가 되겠죠. 그리고 페이스북은 통화를 만드는 데 관심이 있었다는 것을

저는 서비스 경제야말로 최초의 산업
경제라고 규정합니다. 그리고 지금
등장하는 디지털 경제를 '탈산업화 사회의
산업화'라고 명명해요. 산업 전반에서
디지털화 과정이 아주 많이 이뤄지고
있습니다. 우리는 디지털 자본주의라고
불릴 새 체제의 첫 세대입니다.

기억하세요.

핀테크FinTech는 신흥 산업입니다. 금융Finance과 기술Technology의 합성어로, 모바일, 빅데이터, SNS 등의 첨단 정보 기술을 기반으로 한 금융 서비스를 말하는데요, 지난 4월 7일에 J. P. 모건의 CEO 제이미 다이먼이 "은행의 역할이 줄어드는 요즘 아마존, 애플, 페이스북, 구글, 월마트를 비롯한 핀테크 스타트업 기업들에 관해서도 은행 못지않게 강력하게 규제해야 경제를 지탱할 수 있다"라고 연례 서한에서 경고했습니다.

네, 정확히 맞습니다. 우리는 사회계약으로 구현해온 규정을 다시 세워야 합니다. 20년 후에는 구글이 금융계의 리더가 될 겁니다. 페이스북 은행도 있을 거예요. 저는 회사들이 다른 여러 시장으로 확장하는 것을 반대하지는 않습니다. 그렇지만 주의 깊게 점검해야 한다고 생각해요. 그들은 더 나은 시장으로 나아가 독점할 테니까요. 아마존은 그들이 개척한 시장을 뛰어넘어 각계로 가고 있습니다. 그동안 우리가 본 것이 다가 아니에요.

자본의 힘을 길들이려면
국가가 나서야 한다

지금까지 저는 우리 문명이 어디에 있는지 좌표를 확인하는 기획을 해왔습니다. 그 속에서 자본의 힘에 대해 염려했어요. 사회학자 지그문트 바우만은 권력과 정치가 분리된 지금 이를 재결합해야 한다고 강력히 조언했습니다. 모든 권력은 월스트리트의 거대한 자본으로부터 나오는데, 우리가 사는 지역 정치가 이를 제어하지 못한다는 거죠. 20세기부터 제조회사도 대부분 금융회사를 자회사로 갖고 있습니다. 제품을 팔면서 그들의 금융회사로부터 대출을 알선합니다. 어떤 면에서는 제품으로 이윤을 만든다기보다 이자나 주식 가치 등으로 자산을 부풀립니다. 이제 금융자본주의에 핀테크까지 득세하는데, 저와 같은 일반인들은 자본의 힘을 조절할 권한이 더 무력해진 걸까요? 지역 국가 단위에서 이런 자본의 힘을 어떻게 조절할 수 있을까요?

지그문트 바우만의 조언을 언제나 생각하죠. 두 가지 방법이 있습니다. 우리에게는 두 세기에 걸쳐 이뤄온 사회적 계약이 있어요. 19세기 초, 노동자들에게는 사회적 권리가 없었습니다. 우리가 사회적인 계약을 추진하기 전까지, 산업과 사회를 문명화하고자 일어나기 전까지 어린이들마저 일주일에 6일이나 온종일 일했습니다. 문명의 과정은 오랜 시간에 걸쳐 이뤄졌죠. 우리는 그렇게 존재합니다. 이 과정을 케인스주의, 사회민주주의, 복지국가 또는 일종의 타협이라고 생각할 수 있는데요, 저는 우리가 이룬 성취에 수치심을 느끼자고 말하는 것이 아닙니다. 그나마 이 유일한 방식으로 자본주의의 힘을 길들일 수 있었다고 자부하자는 말입니다.

다니엘 코엔

그러니까 당신의 질문에 대한 답은 처음부터 다시 시작해야 한다는 겁니다. 지금은 20세기 초와 같은 상황이에요. 우버Uber의 계약을 보세요. 노동자들을 파트너라 부르고 주된 일을 하는 그들에게 고정된 임금을 약속하지 않습니다. 대신 운전해서 만들어낸 요금의 일정 비율을 주죠. 바로 19세기 게임의 규칙입니다. 오늘날 우리는 위험 요소를 감수하지 않는 자본주의를 가지고 있습니다. 위험은 고스란히 일하는 사람들에게 떠넘겨집니다. 우리는 잃어버린 이 문명의 과정을 처음부터 다시 시작해야 해요. 우리가 할 수 있는 첫 번째 방법입니다. 그리고 두 번째는 국가가 나서는 겁니다. 당신의 질문에 국가가 답해야 해요.

저는 사회는 빠르게 변하는데 법이 따라가지 못한다고 생각하지 않습니다. 오히려 아이티 혁명이라는 말이 하나의 신기루라고 여기는데요, 그 단어가 일종의 착시 현상을 만듭니다. 노동하는 이가 분명히 존재하고 상품을 만들고 배달하는 이가 존재합니다. 다만 주문받는 사람이 기계로 대체되고, 서비스를 제공하는 사람이 눈에 띄지 않을 뿐이라 여깁니다. 그렇다면 생산하는 노동자를 보호하던 형식은 여전히 법적으로 살아 있어야 합니다. 편법을 쓰는 사용자들에게 법을 확대·적용하지 않는 행정의 선택, 정치의 선택이 있기에 디지털 혁명이라는 이름 속으로 많은 인도주의적인 가치가 사라지고 있다고 생각합니다.

우리가 이룬 사회계약이 아직 변경되지 않았다는 것을 확실히 하고 싶습니다. 비록 사람들이 기대하는 만큼 보장되지 않는 현재라 할지라도 완전히 다른 사회계약을 고려할 필요가 있다고 생각하지 않습니다. 우리는 매우 많이 버는 부자에게 이롭도록 소득이 분배되는 시장 양극화를 보고 있죠. 하층계급은 생활할 수 있을 만큼의 임금을 받지 못하는 위태로운 사회에서 삽니다. 신뢰를 회복할 수 있는 사회인지 질문해야 해요. 좀 더 깊이 생각한다면 중산층이 있는가 살펴야 하죠. 민주주의가 살아남을지가 달려 있거든요. 우리 사회가 양극단으로 빠질 수 있습니다. 포퓰리즘이 부상하면서 인종차별주의, 외국인 혐오가 풀뿌리 차원에서 퍼졌죠. 일터를 잃은 노동자들이 어디에도 소속감을 느끼지 못하면서 휩쓸리고 있습니다. 이를 막으려면 규제가 잘 시행되는지 확인하고, 경쟁에 필요한 조치를 시장에 취하고, 노동시장에서 지켜야 하는 사항들을 감시해야 합니다.

사람들이 사회계약을 입에 올릴 필요가 없도록 합시다. 현재 디지털 경제가 4분의 1가량 진행됐습니다. 이제는 모든 형태의 사회복지 국가에 대해 고려해야 해요. 주거 문제에 관해서는 더 많은 상상력을 동원해서 복지안을 짜내야 합니다. 최저임금도 강화해야 하고요. 네, 이런 종류의 제안은 극좌들을 짜증 나게 한다는 것을 저도 압니다. 타협안이고 불평등 구조에 투항하는 것이라 여기니까요.

다니엘 코엔

신자유주의 아래에서 경쟁에 도태되는 이들을 위한 복지를 강화하자 할 때, 무조건 밀어붙이는 대처와 레이건의 방식도 문제이지만, 경쟁 체제를 놔두고 부분적인 복지를 논하는 클린턴이나 오바마의 방식도 문제가 있다는 지적이 있었습니다. 하지만 산업이 자동화로 변하는 소위 '디지털 혁명'이라는 요즘, 연착륙을 위한 모색이 절실하다고 봅니다.

"새로운 혁신의 시대다, 과거는 잊자!"라는 말을 하는데요, 저는 그렇게 생각하지 않습니다. 불평등과 경제 불안의 원인을 바로잡았던 과거의 시도를 여러 각도에서 할 필요가 있습니다.

어제 제가 한국에서 왔는데요, 인천공항에 이런 플래카드가 걸려 있었습니다. "3개월마다 계약 연장 그만!" 우리는 더욱 치열해지는 경쟁으로 빨려드는데, 어떻게 하면 인간의 존엄성을 지킬 수 있을까요? 일의 존엄성이 중요하다고 생각하시나요?

존엄이야말로 필수죠. 사회계약에 대한 전통적인 사고방식을 넘어 노동조합의 역할, 임금의 역할은 더욱 중대한 가치로 다뤄져야 합니다. 그리고 디지털 경제는 새로운 유형의 사람을 배출하고 있습니다. 호모 뉴메리끄스Homo numériques, Homo digitalis(호모 디지털리스)라고 부를 수 있어요. 소셜 네트워크를 통해 사회를 사고하는 특정 유형입니다. 그러니까 사회 속 네트워크에 들어가 있는 거죠. 당신은 아주 작은 교회를 구성하는 헌금 기부자가 되어 있습니다. 그 작은 서클에서 더욱 세뇌되어 자신을 노동자이자 고객이라고 굳게 믿을 거예요. 사생활 보호라는 개념은 사라지고 있습니다. 모든 사람이 모든 사람의 생활을 알게 되죠. 더욱 사회적으로, 경제적으로 불안정한 상태로 빠지고 있습니다. 우리는 변화하는 시스템 속에서 재설계되고 있어요. 소비자로서 혹은 노동자로서 디지털 권리에 대해 생각해봐야 합니다.

새로운 차원의 문명인가요?
저는 문명의 새로운 과정이라고 생각합니다.

보편적 기본소득은
최소한의 안전망

코로나19 동안 많은 정부에서 경기 부양책을 썼습니다. 돈을 많이 쓴다고 우려하는 사람도 있고, 인플레이션을 염려하는 목소리도 있습니다. 이에 관해 어떻게 평가하시나요?
팬데믹이 왔을 때, 미국은 트럼프 정권이었지만 약자와 노동자를 지원하는 사회적 요구를 받아들였습니다. 프랑스 정부는 위기 상황에서 지원을 늘렸고 다시 줄이지 않았어요. 바이든이 설계한 부양책의 규모를 보며 많은 질문이 뒤따르고 있습니다. "지나치게 많이 퍼붓는 건 아닌가?" "우리도 그렇게 해야 할까?" 저는 바이

다니엘 코엔

든의 부양책이 과도하다고 말할 수 없다고 봅니다.

국가가 위험을 회피하려 한다면, 과연 국가가 존재하는 걸까요? 지금 경제의 회복 능력은 매우 높습니다. 2008년 금융 위기 때와는 전혀 다릅니다. 당시에는 회복하기까지 시간이 걸렸습니다. 프랑스는 거의 잃어버린 10년을 보냈어요. 기업이 다시 직원을 고용하기까지 걸린 시간입니다. 바이러스와 관련해서 현재 기업들의 상황은 다양합니다. 백신이 나왔을 때 일부의 불황은 끝났고요. 사람들은 자신감을 되찾았습니다. 어쩌면 전염병 자체는 끝나지 않았는데 우리가 자신을 속이고 있는 것일 수도 있습니다. 그럼에도 사람들은 곧 좋아질 것이라고 확신합니다. 델타 변이가 확산하고 있지만, 저는 사람들이 기꺼이 지출할 의향이 있고 휴가지로 떠날 의향이 있다고 생각합니다.

이제 세계경제가 회복한 것 같나요? 한국 정부는 하반기에 GDP가 3퍼센트 이상 성장할 것으로 기대하고 있습니다. 또한 미국 경제는 상반기에 이미 회복했다는 보도가 나왔고요.
정확히는 아니에요. 그래도 이전 위기 때보다는 훨씬 낫습니다. 미국과 프랑스에는 지금 저축액이 많습니다. 사람들이 돈을 별로 쓰지 않았어요. 정부가 국민의 소득을 지원했지만, 여행도 가지 않고 식당도 가지 않으니 돈을 쓸 기회가 없었죠. 집에 있어야 했으니 가족과도 충분히 시간을 보냈습니다. 1920년대 스페인 독감이 끝났을 때, 미국에서 어떤 일이 벌어졌을까요? 너무 행복한 나머지 사람들이 미친 듯 돈을 쓰기 시작했습니다. 미국식 생활 방식이라 불리는 소비사회가 시작된 거죠. 이와 같은 일이 곧 일어날 수 있다고 생각합니다. 세부 사항을 제공할 수 있을 만큼 자신합니다.

그렇다면, 이제 다시 긴축재정으로 돌아서야 할 때라고 보시는지요?
그 부분은 정부가 적자 폭을 좁히거나 사회적으로 긴축하도록 재정안을 낼 것인가 하는 물음인데요, 글쎄요. 저는 정부가 너무 빨리 긴축하지 않도록 신중하기를 바랍니다. 우리는 매우 낮은 금리 시대를 살고 있습니다. 저는 오늘 부채가 더 많아도 문제가 될 것은 없다고 생각합니다. 물론 금리는 오르겠죠. 그것이 잠재적인 우려입니다만, 당장 긴축을 고려해야 할 상황이라고는 보지 않습니다. 당장 재정 적자를 메우려는 정책을 할 필요가 없음을 정부가 이해하기를 바랍니다.
그리고 저는 지금도 프랑스 정부가 기업을 위해 안전장치를 확실히 작동하는지 주의 깊게 확인합니다. 프랑스는 그동안 경제활동을 하기 어려운 분야에 많이 지원했습니다. 국가가 보증하는 대출을 지원했고, 재정 신용을 보장하기도 했어요. 그럼에도 위기에 몰린 분야들이 있습니다. 이번 코로나19 위기는 끝이 있습니다.

다니엘 코엔

그렇기 때문에 돌아갈 곳을 지켜내야 합니다. 저는 모든 레스토랑이 문 닫는 것을 원하지 않습니다. 호텔이 영업 종료하는 것을 원하지 않아요. 문화계가 고사할까 불안합니다. 위험에 처한 분야, 어려움에 놓인 지역에 있는 낙오된 이들이 안전선 안에 도달하도록 정책을 강화해야 합니다. 우리에게 자신감이 있는지, 모두가 안전하게 보호받고 있는지 확인합시다.

요즘 보편적 기본소득이 이슈로 떠오르고 있습니다. 코로나19 동안 여러 나라에서 전 국민 현금 지원책을 시행하면서 어느 정도 기본소득에 관한 시험을 했다고 보는데요, 기본소득이 필요하다고 보시나요?

저는 기본소득을 찬성합니다. 세상을 구원하겠다는 의도는 아닙니다. 점점 더 많은 사람이 소외되기 때문이에요. 그들의 삶이 국민의 일원으로 지속되도록 견고한 기초를 마련해야죠. 일을 하든 공부를 하든 누구나 살아가도록 복지 제도를 매우 단순하게 만들 필요가 있어요. 보편적 기본소득이 이 시대에 적합하다고 생각합니다.

기본소득에 관해 많은 오해가 있습니다. 로봇이 일하게 만드는 길이라며 로봇에 세금을 부과하는 것으로 해결하자는 말도 나옵니다. 기본소득 논쟁이 노동의 종말이나 지식에 대한 논쟁으로 가고 있어요. 노동의 종말은 일어날 수도 혹은 일어나지 않을 수도 있습니다. 그럼에도 어느 시점에서는 로봇이 매우 광범위한 범위에서 일할 겁니다. 여러 변화의 시간이 오겠죠. 그리고 큰 변화가 있을 때마다 항상 패자가 있었습니다. 대부분 기업에서 나옵니다. 그들은 다른 일로 갈 수가 없어요. 이미 너무 늙었거나 신기술이 없기에 불가능합니다. 기본소득이 필요하다고 느낍니다.

모두에게 돈을 준다면 시장에 돈을 주는 것과 같지 않을까요? 복지 체계를 강화하는 것이 더 나아 보이는데요.

항상 그런 이야기를 듣습니다. 참조할 부분이죠. 하지만 실제로 가난에 빠지면 매우 위험합니다. 19세기 경제는 혼돈과 같았어요. 당시에는 가난한 사람들을 절대로 돕지 않았습니다. 말만 많았죠. 불안정하고 사회에서 주변부로 밀려난 사람들에게 조금이라도 더 지원해야 한다고 생각합니다. 직접적인 지원은 그들에게 도움이 될 거고 시스템에도 도움이 될 겁니다.

　하지만 부정적인 결과도 있을 수 있어요. 예를 들어, 회사는 사람들이 국가로부터 지원받을 수 있는 것을 알면 임금을 줄 의무가 덜하다고 느낄 겁니다. 마치 안전벨트를 착용하면 사람들이 더 많은 사고를 낼 거라고 말하는 것과 같습니다. 저는 안전벨트를 맸다고 해서 부주의하게 운전할지 잘 모르겠습니다. 어찌 됐든 우리는 규제를 정하고 말하는 거예요. "이제 당신은 안전벨트를 맸습니다. 시속 110킬로미터로 달리면 안 됩니다." 좋은 것은 언제나 나쁜 것보다 훨씬 낫습니다. 저는 안전을 추구하는 사람이고 기본

다니엘 코엔

소득은 가난한 사람들에게 좋습니다.

가난한 사람들을 거론했는데요, 분배에 있어 가장 중요한 도구는 과세입니다. 과세에 있어 정의란 무엇인가요? 바이든은 부자에게 더 많은 세금을 부과하겠다고 선언했습니다.

저는 바이든의 정책이 강력하다고 보지 않습니다. 지금까지 진행되는 논쟁을 보면 비교적 온건하다고 느낍니다. 잉여 자본 이득에 세금을 부과하는 일은 매우 쉽습니다. 지금까지는 과세 정책에 있어 그리 큰 추진력을 보지 못했습니다. 요즘 다국적 기업에 관한 과세 움직임이 일어나고 있죠.

글로벌 기업들이 이윤을 내는 국가에 세금을 내도록 해당 국가가 과세하는 방안과 함께 다국적 기업들에게 최저 15퍼센트 세율의 글로벌 최저법인세를 부과하도록 7월 1일 경제협력개발기구 OECD 회의에서 합의했습니다.

올바른 방향으로 한 발 떼었다고 봅니다. 그럼에도 15퍼센트 과세는 낮다고 생각해요. 우리는 불평등이 증가하는 시대를 살아가고 있습니다. 이는 레이건의 혁명과도 같은 경제정책이 만든 결과입니다. 부자들에게 혜택을 줘서 수입이 늘어나면 그 이득이 가난한 사람에게까지 흘러간다는 낙수 효과를 말했습니다. 하지만 지금까지 그런 효과는 일어나지 않았어요. 부자는 더 부자가 됐지만,

가난한 사람은 그렇지 않았죠. 우리는 그 정책을 바꿔야 합니다. 세금 낙수 효과를 시작해야 해요. 잉여 자산 소득, 이윤에 과세해서 모두에게 이로움이 흘러내리도록요.

프랑스는 미국과는 달리 불평등이 훨씬 온건하게 증가하고 있습니다. 그럼에도 사람들은 매우 가난한 세상에 사는 기분이 강해진다고 해요. 불평등은 돈이 아니라 삶의 안전에 관한 느낌이기 때문입니다. 아이들을 교육하는 일이고, 주거 조건에 관한 일이죠. 그래서 프랑스 사회가 숫자로 보이는 것과 사람들이 체감하는 현실이 다른 겁니다.

저는 사람들이 느끼는 현실이 맞다고 생각해요. 프랑스에는 수많은 숨겨진 불평등이 있습니다. 사는 처지에 따라 갈 수 있는 곳이 어디며 좋은 학교에서 교육받을 수 있는지, 아플 때 좋은 병원을 갈 수 있는지가 달라집니다. '열심히 일하는 사람들이 제대로된 보수를 받는가?' '좋은 일자리에 접근할 수 있는가?' 하는 의문이 사회적으로 일어납니다. 재분배는 매우 중요합니다. 하지만 필요조건인 재분배를 넘어, 정상적인 사회에서 밥 먹고 산다는 느낌이 들도록 충분조건을 제공해야 합니다. 이는 단지 세금을 어떻게 매겨서 분배할 것인가 하는 차원이 아닙니다. 더욱 깊은 성찰이 요구되죠. 기본소득이 하나의 대안입니다. '어떤 일이 생기더라도 먹고살 수 있다. 아무 일이나 닥치는 대로 해야 하는 덫에서 탈출할 수 있다.' 최소한의 안전망 위에 발 딛고 있다면 좀 더 나은 일자리

다니엘 코엔

이제는 모든 형태의 사회복지 국가에 대해
고려해야 해요. 주거 문제에 관해서는
더 많은 상상력을 동원해서 복지안을 짜내야
합니다. 최저임금도 강화해야 하고요.

를 찾는 데 시간을 벌 수 있습니다. 너무 배부른 소리라고 생각하나요? 배곯지 않고 삶을 계획할 수 있다면 정말 멋지지 않을까요?

인간의 존엄성과 사생활에 관한
권리를 보장하자

나에게는 당연한 조건이라 여기면서 타인에게는 배부른 투정이라고 질책하는 마음이 든다면, 그것이 바로 불평등이 일상이 된 사회를 증명한다 여깁니다. 마지막 질문인데요, 경제의 목표는 무엇일까요? 그리고 이 목표를 달성하기 위한 국가의 역할은 무엇일까요?

국가는 매우 중요한 역할을 합니다. 사회계약이 성숙하도록 하고, 파괴되지 않고 유지되도록 할 수 있죠. 또한 매우 강력한 역할을 담당할 수 있습니다. 독점에 관한 규제를 할 수 있습니다. 저는 국가가 해야 할 매우 중대한 역할이 인간의 존엄성과 사생활에 대한 권리를 보장하는 데 있다고 생각합니다. 그것은 단지 종이에 서명받은 다음 개인 정보를 사용하도록 하는 문제가 아닙니다. 저는 쇼샤나 주보프 하버드대 교수가 지적한 '감시자본주의'를 심각하게 우려합니다. 국가는 자유와 민주주의의 유일한 수호자입니다. 물론 국가는 무기를 가진 민주주의이고요. 우리의 개인 정보는 매우 우려되는 상황에 도달했습니다.

다니엘 코엔

코로나19 속에서 한국은 모든 식당과 은행 등에 갈 때 본인 인증을 하는데요, 개인의 일과와 소비 성향이 드러납니다. '감시사회'를 실감했습니다. 개인 정보가 빅데이터로 축적되어 기업의 이윤으로 흐르고 선거 유세에 사용되는 이 시대가 과연 안전할지 의문입니다.

우리는 정보경제의 초기 단계에 있습니다. 얼굴 인식 패턴을 확보하고 인공지능을 발전시키는 데 많은 데이터가 필요하죠. 반대하지는 않아요. 저는 인공지능을 좋아합니다. 여러 문제를 해결할수 있으니까요. 하지만 이 데이터들이 도달하는 지점이 있습니다. "이제 우리는 당신에 대한 알고리즘을 획득했습니다." 제가 어디를 가든 제 데이터가 생산되고 어딘가에 쌓입니다. 지금까지는 별로 문제가 되지 않았어요. 제가 테니스를 좋아한다면 제 정보는 저한테 라켓이나 팔고 말 거예요. 짜증 나지만 큰 문제는 아닙니다.

하지만 광고 바로 뒤에 건강, 금융, 교육 분야가 숨어 있습니다. 이때는 차이를 만듭니다. 업체의 신용 기준에 맞는 사람만 대출해 주면, 다른 사람들은 어떻게 될까요? 선택된 소수만 리더십 프로그램을 제공받고 다른 사람들은 참여할 수 없다면요? 채용은 점점 더 알고리즘으로 이뤄지고 있습니다. 만약 당신이 그림에 열중하고 신용카드 사용이나 검색 등으로 정보가 쌓인다면, 전공이 무엇이든 회사에 취직할 수 없습니다. 지금까지는 테니스 라켓만 사라고 했기에 그 뒤에 걸려 있는 고리들을 보지 못합니다. 하지만 이는 확장할 거예요. 불안감을 떨칠 수가 없습니다.

우리에게 그 시스템에서 벗어날 시간이 남아 있을까요?
네, 이제 시작일 뿐입니다. 우리가 20세기에 이뤘던 일들을 다시
해야죠. 그때 우리는 많은 규제를 곳곳에 갖췄어요. 특히 1930년
대 뉴딜을 통해 오늘까지 지탱하는 수많은 안전 규제를 갖췄습니
다. 그 시간이 다시 도래했습니다. 우리가 20세기에 이룬 진화의
길을 따르고자 한다면, 1930년대 했던 시도를 바로 지금 구축해
야 합니다.

매우 낙관적이십니다.
낙관적이고자 노력합니다. 네, 현실보다 더 낙관적이고자 노력하
고 있어요. 여러분 모두의 안녕을 기원합니다.

디지털 혁신, 개인 정보 수집인가
경제 권력 독점 전략인가

팬데믹 중에 아마존은 새로운 쇼핑 기술을 테스트했다. '저스트
워크 아웃Just Walk Out'이라는 기술이다. '그냥 나가다' 정도로 번역

다니엘 코엔

할 수 있다. 신용카드를 갖고 이 기술이 설치된 슈퍼마켓이나 여느 상점에 가서 물건을 집어 나오면 이메일로 영수증을 받는 시스템이다. 계산 과정이 없다고 내세웠지만, 선반에서 물건을 보고 내려놓는 행위와 구매 행위를 구분하고 고객의 동선을 따라가며 가상 카트에 담는 행위 등을 포괄하는 이 기술은 자율 주행 자동차에서 사용하는 인공지능과 같은 종류다.

처음 이 뉴스를 접하고 든 생각은 '그 많은 마트 노동자들은 어디로 갈까?'였다. 2017년에 미국 최대 친환경 유기농 식료품 체인인 '홀푸드'를 인수한 아마존이 이제 직원을 정리하는 절차를 밟는다고 생각했다. 물론 그런 작업도 일부 지역에서 진행하고 있다. 아마존의 새 기술은 인력 감소 전략이 아니다. 어떤 매장이나 세계 어디에서나 신청하면 계산하는 포스 기계 들여놓듯 설치할 수 있는 '매장 회전율을 높이는 기술'이다. 그리고 아마존은 말한다. "우리는 이메일로 영수증을 보내기 위한 고객 정보만을 수집합니다."

2012년 미국의 쇼핑센터 '타겟'은 10대 소녀에게 신생아용품 홍보 전단을 보냈고, 부모는 강력히 항의했다. 하지만 얼마 후 소녀는 자신이 임신 중이라는 사실을 부모에게 털어놓았다. 구매 패턴을 분석한 빅데이터의 위력이다. 저스트 워크 아웃이 수집하는 정보는 단지 소비자의 일상뿐일까? 혹여 도시경제까지 거머쥐지는 않을까?

헬레나 노르베리 호지

시대를 잠식하는 성장 서사에서
어떻게 벗어날 것인가

"우리 아이들과 함께하는 시간을
내기 위해 조금은 속도를 늦출 필요가
있지 않을까요? 시간 압박은 큰 그림을
보기 어렵게 하는 파괴적인 장치입니다."

헬레나 노르베리 호지   Helena Norberg-Hodge

로컬 경제 운동의 선구자. 1946년 스웨덴 출생. 헬레나 노르베리 호지는 스웨덴, 독일, 오스트리아, 영국 및 미국에서 수학했고, 언어학에서 박사급 과정을 런던대와 매사추세츠공과대(MIT)에서 수료했다. 히말라야 지역 라다크 언어를 비롯해 7개 국어에 능통하다.

40년 동안 전 세계에 행복의 경제학을 전파하며 글로벌 경제와 국제개발이 지역사회와 경제, 개인의 정체성에 미치는 영향을 집중적으로 분석해왔다. 경제 불평등에 대한 대안으로 '지역화'를 주장하며 세계 각지에서 활동한다. 그 공로를 인정받아 2012년 고이 평화상을 수상했다. 저서 《오래된 미래》는 같은 제목의 영화와 더불어 40개국 이상에서 번역됐으며 다큐멘터리 영화 〈행복의 경제학〉의 제작자이자 공동감독이다.

1975년부터 '작은 티베트'라고 부르는 라다크 사람들과 함께 자국의 문화와 생태의 가치를 굳건히 지키면서도 현대의 세계를 만날 수 있는 해법을 실현해왔다. 그 노력을 인정받아 '제2의 노벨상'이라는 바른생활상(Right Livelihood Award)을 받았다. 미국과 독일, 영국을 비롯한 유럽, 호주 등지에서 지역경제를 전환하는 활동을 이끌었으며, 국제미래식량농업위원회, 국제세계화포럼, 글로벌에코빌리지네트워크 창립에 앞장섰다. 국제조직인 로컬퓨처스와 국제지역화연합(IAL)을 설립했고 현재 대표를 맡고 있다. 《어스 저널(Earth Journal)》이 선정한 '전 세계에서 가장 놀라운 환경 운동가 10인' 가운데 한 명이다. 지구적 위기에 대한 해법을 다룬 저서 《로컬의 미래》를 비롯해 《행복의 경제학》 등을 출간했다.

헬레나 노르베리 호지는 1991년, 저서 《오래된 미래》를 통해 자연과 깊이 연결되어 있던 라다크 사람들이 어떻게 도시로 밀려가고 시멘트와 플라스틱에 싸여 자연과 멀어졌으며 사람들의 관계까지 분리됐는지 기록으로 알려줬다. 2021년 헬레나 노르베리 호지는 코로나19라는 위기 상황에서 자연과 연결되고자 몰려가는 도시인의 물결에 관해 들뜬 목소리로 자신이 본 희망을 말했다. 순리를 거스르던 흐름이 느닷없는 역병의 벽을 만나 회귀한다고 살아날 기회를 잡자고 독려했다.

　점점 더 많은 도시인이 잔디를 걷고 텃밭을 꾸린다. 벌통을 들여 꿀을 모으고, 닭과 함께 마당을 거닌다. 좀 더 작은 마을이나 도시로 터전을 옮기기도 하고, 연휴만 되면 자연 속 어디라도 찾아들어가려 한다. 하지만 이와 발맞춰 산업도 움직이고 있다. 지역화를 말하며 '걷는 도시'를 계획하지만, 더 많은 자원을 끌어들여 새로운 소비를 창출하려 한다.

헬레나 노르베리 호지는 도시화와 결합된 세계화 무역에 재생에너지 인프라로 재편되는 대량생산 소비 질서를 경고했다. 그리고 말했다. "사람들이 우리 시대를 잠식하고 있는 성장 서사에서 벗어나기를 바랍니다." 지난 5월 22일 오후 3시(호주 바이런 베이 현지 시각) 바이런 베이 자택에 있는 헬레나 노르베리 호지와 인터넷 화상으로 나눈 대담이다.

기후 문제를 일으키는
원인부터 살펴보자

멸종 저항 운동을 하는 밀레니얼과 Z세대뿐 아니라 서구 언론에서도 기후 비상사태climate emergency라는 용어를 사용합니다. 반면에 이 단어에 동의하지 않는 사람도 많습니다. 왜 비상사태라는 말까지 쓰며 일상생활을 옥죄냐고요. 기후변화는 늘 있는 활동이라고 말하는 이들도 있습니다. 우리의 상황을 어떻게 진단하시나요?
무엇보다 기후 비상사태가 얼마나 심각한지 우리는 모릅니다. 정말로 몰라요. 이유는 이 가이아를 모델링할 수 없기 때문입니다.

가이아Gaia(지구와 지구에 살고 있는 생물, 대기권, 대양, 토양 등을 모두 포함하는 범지구적 실체)는 무한히 복잡하고 고도로 정교해 자신을 스스로 안정시키려 합니다. 제가 가장 우려하는 부분은 우리가 수입하고 수출하는 물류에 얼마나 많은 에너지를 사용하는지, 그에 관한 정보를 정확히 알지 못한다는 거예요. 생수, 쇠고기, 오렌지가 지구를 가로질러 오갑니다. 쌀, 콩, 밀, 옥수수가 지구를 가로지르며 가공되고요. 생산지에서 바다를 건너가 포장되어 다시 건너오죠. 에너지 발자국을 줄여야 하는 이 시기에 완벽하게 정신 나간 짓이에요. 기후변화를 유발하는 세계무역에 대한 보도는 없습니다. 오로지 자가용 운전을 줄이자거나 비행기 타고 휴가 가면 안 된다는 이야기뿐이에요. 1년 만에 가족을 만나러 지구 반 바퀴를 돌아가는 일도 눈치 보게 만들죠. 사과와 감자는 매일 전 세계를 날아다니고 있어요.

우리는 이것부터 이야기해야 합니다. 기후 문제를 일으키는 주요 원인이 무엇인지 정직하게 살펴보는 것부터 시작하도록 해요. 정부가 대량 소비, 대규모 도시화, 더 많은 에너지 사용을 장려하는 정책을 왜 하는지 파악하도록 합시다. 또 신제품이 곧 구식이 되어 버려지도록 기획하는 생산 판매 전략, 한 제품을 이리저리 이동시키며 제작하는 공정 방식을 제대로 평가하는 것에서부터요.

영국이 수출하는 버터의 양과 수입하는 양이 비슷하다는 점에 황

헬레나 노르베리 호지

당했었는데요, 이윤 때문에 벌어지는 일이었습니다. 폭스바겐 자동차가 미국과 멕시코 국경을 오가며 조립되는 이유도 그렇고요. 이와 같은 방식으로 이익을 추구하는 활동이 일어난 배경이 무엇인지 알고 싶습니다.

탄소 배출을 아랑곳하지 않는 경제체제를 갖게 된 토대는 권력으로부터 나왔습니다. 엘리트 유럽인들이 규제를 변경하면서 사람들을 땅에서 밀어낸 그 강압에서 시작합니다. 그들은 인클로저 enclosure라고 불리는 울타리 치기를 했습니다. 농민들은 자기 땅에서 쫓겨났고 동시에 세계의 다른 지역에서는 식민지가 만들어졌죠. 식민지 농민들은 지역사회가 필요로 하는 다양한 농작물을 더 이상 재배하지 못하게 됐습니다. 무역업자들을 위한 농사를 지어야 했어요. 그러니까 경제가 무역을 늘려 모든 사람에게 이익이 되도록 해야 한다는 사상으로 빨려들어간 거죠. 지금은 그럴듯하게 들리는 말입니다.

하지만 조금만 생각해보면 우리가 한참 멀리 와버렸다는 것을 알 수 있어요. 전통적으로 모든 문화권에 무역이 있었습니다. 세계무역도 있었죠. 하지만 매일 먹는 식자재를 배 타고 나가서 사 오지는 않았어요. 집 근처에서 기르거나 난 것을 사 먹는 것이 마땅했습니다. 합리적인 사람은 생필품을 지구 반대편에 의존하지 않아요. 고전적인 무역 공식은 나에게 없는 것을 교환하거나 사 오는 겁니다. 지금은 이윤을 추구하는 비교 우위가 경제원칙이 됐습니다. 17세기 말부터 18세기에 활동했던 경제학자 데이비드 리카도가 비교 우위를 갖는 물품에 집중해야 한다는 아이디어를 냈는데요, 그러니까 스코틀랜드에서는 귀리가 잘되니까 오로지 귀리를 길러 수출하자, 그렇게 번 돈으로 나머지 필수품을 싸게 수입해서 모두를 이롭게 하자는 논리죠.

삼시세끼를 귀리로 오트밀이나 오트 쿠키를 만들어 먹을 수는 없는 일인데요, 오늘날 케냐 농부들은 장미를 먹고 살 수 없다고 한탄하고, 에티오피아 농부들은 커피만 먹고 살 수 없다며 한숨짓습니다.

말이 안 되는 논리죠. 하지만 도그마가 됐습니다. 그리고 불행한 현실이 펼쳐졌어요. 현대 서구 경제에 관해 또 자본주의에 관해 끊임없는 비판이 있었지만, 글로벌 무역업자 대 지역 생산자와 소비자의 문제에 관해서는 그다지 반론이 많지 않았습니다. 현대 경제가 맞은 불행이죠.

지난달(2021년 4월) 세계 정상들이 기후 정상 회의에서 탄소 배출량 감축을 선언했습니다. 그들은 인프라에 집중하며 재생 가능한 에너지 인프라 구축으로 기존의 방식을 바꾸자 했죠. 지금 우리에게 필요한 인프라는 무엇이라고 생각하시나요?
새로운 인프라 건설 방향은 작은 농장에 필요한 기반 시설이 되어

헬레나 노르베리 호지

야 해요. 예를 들어, 좀 더 작은 마을과 도시에서 학교가 폐교될 것이 아니라 유아교육부터 고등교육까지 짜임새 있게 자리하고, 대학까지 자리할 수 있어 지역이 탄탄해지고 병원과 보건소가 자리를 지키는 인프라가 되어야 합니다. 더 많은 사람에게 제공할 수 있는 사회 기반 시설은 실제로 더 많은 사람에게 좋은 일자리를 제공하고 생태 발자국을 줄일 수 있습니다.

행정기관이나 학교, 병원, 지역 스포츠팀 들이 선박의 닻처럼 지역경제를 지탱하는 앵커 기관이 되어서 인구를 유지하고 생산물이 지역에서 소비되도록 경제를 일으킨다는 그런 효과인가요?
그렇죠. 가장 집중해야 할 영역은 식량과 농업입니다. 지금과 같은 지구적인 규모의 식량 구조가 가장 큰 오염원이에요. 사람들은 자기 동네에 있는 소규모 경작지에서 기른 다양한 농산물을 안전하게 먹고 누릴 기회를 잃었습니다. 세계화한 농산물 시장이 돈이 되는 단일 작물 재배를 밀어붙이기 때문이죠. 단일 재배는 생명 순리를 거스릅니다. 자연스럽지 않으니까 사람이 비료, 살충제, 제초제를 공급해야 하죠. 토양에 있는 온갖 벌레까지 다 죽기 때문에 땅속 생명망이 죽어갑니다. 단위면적당 수확량을 비교하면 다양한 농작물을 기르는 소규모 농지에 훨씬 못 미치고요. 그러면서 흙을 파괴하고 있어요.
　자, 농장 두 개를 비교해봅시다. 한 곳은 1천 평방미터(302평)

땅에 다양한 작물을 키우고 다른 농장은 50에이커(약 6만 1천 평, 20만 2천 평방미터) 땅에서 단일 재배를 합니다. 50에이커 땅에서 나온 옥수수가 전 세계의 축사로 간다면, 다양하게 농사짓는 농장에서 수확하는 작물들은 매주 거두는 종류대로 그리 멀지 않은 시장으로 나갑니다. 가까운 도시에 있는 도매시장에도 넘기고 또 정부 조달을 통해 지역 병원과 학교에도 납품할 수 있겠죠. 그렇게 되면 지역 사람들이 눈으로 확인할 수 있는 운송 사슬을 갖는 거예요. 사람과 사람이 연결된 관계를 형성하죠. 생산자와 유통자가 더 큰 책임감을 가질 수밖에 없습니다. 소비자의 요구에 빠르게 응대할 수 있고요. 사람이 직접 주고받는 영향 관계가 안전과 만족감을 책임집니다.

이렇게 관계를 중시하는 로컬 푸드 운동이 지금 곳곳에서 성장하고 있습니다. 산업화 속에서 대다수의 정부가 지역 인프라를 무시하고 심지어 파괴하면서까지 글로벌 인프라에 자금을 지원해왔습니다. 도로만 봐도 알 수 있죠. 지역 도로는 대부분 빠듯한 지역 예산으로 관리됩니다. 하지만 수출입 세계경제의 한 축인 대형 트럭이 다니는 슈퍼 고속도로는 더 많은 예산으로 신속하게 관리됩니다. 우리 세금이 국제 산업 인프라를 보조하는 데 사용되어왔어요. 정부는 빈번하게 규제를 통해 지역을 파괴해왔습니다. 농부들이 직접 기른 동물을 도축해 동네에서 판매하는 것을 금지하는 규제가 세계 곳곳에 자리 잡았습니다. 소규모 상점을 매우 어렵게

헬레나 노르베리 호지

만드는 규제가 영국, 미국, 인도, 어디에나 있습니다.

진정한 그린 뉴딜은
지역화와 분산화에 있다

국가마다 고유한 그린 뉴딜을 이야기합니다. 바이든의 뉴딜, 한국
의 그린 뉴딜. 중국의 경우는 9년 전에 생태 문명을 선포했습니다.
에너지 생산 시스템의 변화를 통해 탄소 배출량을 줄이는 데 집중
합니다. 나라마다 방향을 잘 찾아가고 있다고 보십니까?

대부분의 정부가 대기업의 지원을 받아 추진하는 그린 뉴딜을 합
니다. 에너지를 적게 쓰자거나 자원을 적게 쓰자는 말을 하지 않
는 그린 뉴딜입니다. 대신에 더 많은 재생에너지를 사용하자고 단
순하게 말합니다. 재생에너지 중심으로 도시화에 박차를 가하고
대규모 농장에 재생에너지를 끌어와 규모를 키우고 로봇을 효율
적으로 사용하는 방식에 대해 논의하죠. 지금, 우리가 사람을 로
봇으로 대체하면 실업과 더 많은 자원 소비, 더 많은 에너지 소비
를 창조하는 겁니다. 이렇게 사람으로 북적거리는 행성에서 굳이
그렇게 할 상황이 아니에요.

　우리는 또 여전히 규모 확대, 속도 경쟁의 길을 가고 있죠. 지구
자원을 둘러싼 전쟁, 화성 자원을 둘러싼 경쟁으로 우리를 끌고
가고 있습니다. 우리는 팬데믹을 통해서 국가들이 마음만 먹으면

더 가까이 마주 앉을 수 있다는 것을 확인했습니다. 그 테이블이 기후변화 정상회담 같은 자리로 이어지는데요, 국가들이 협력해서 나아갈 방향을 산업이 아니라 국민의 경제와 안전을 보호하는 쪽으로 잡아야 한다고 생각합니다. 우리는 실제 자원을 보호해야 하고요. 그것이 경제예요. 그동안 글로벌 기업과 글로벌 금융이 계속 부유해지는 가운데, 국민과 정부는 가난해져왔습니다. 더 이상 글로벌 은행과 기업의 지시에 귀 기울이고 그들이 더더욱 부자가 되도록 도울 수는 없어요. 제가 말하는 그린 뉴딜은 지역화, 분산화입니다. 절대적으로 필수예요. 모두가 한발 물러서서 글로벌 시스템을 정직하게 바라본다면, 이에 동의할 겁니다.

그린 뉴딜을 강력하게 추진하고자 하는 제러미 리프킨 또한 지금보다 더욱 지역화된 미래를 제시합니다.
네, 그리고 그는 매우 신중하게, 많은 자원과 에너지를 포함하는 고도로 발달한 하이 테크놀로지를 옹호하고 있죠.

그럼에도 수평적 분산에 집중하는 지역 중심의 세계화 네크워크를 말합니다. 오히려 한국에서 추진하는 그린 뉴딜이 중앙 집중적인 수직 구도로 하이테크 중심이어서 리프킨이 말하는 분산적인 인프라 중심의 그린 뉴딜에 미치지 못하는 현실이라고 봅니다. 기존의 탄소 배출 기업이 재생에너지 기업으로 변모하고 있습니다.

헬레나 노르베리 호지

지금, 우리가 사람을 로봇으로 대체하면
실업과 더 많은 자원 소비,
더 많은 에너지 소비를 창조하는 겁니다.
이렇게 사람으로 북적거리는 행성에서
굳이 그렇게 할 상황이 아니에요.

물론 그들이 풍력 터빈과 태양전지판으로 설계한 공장을 갖춘다면 오염이 줄어들고 하늘은 맑아질 겁니다. 하지만 우리의 불평등은 여전합니다.

현실을 있는 그대로 봅시다. 우리는 탄소 배출에 관해 정직하게 전하는 말을 듣지 못했어요. 기후 정상 회의에서 진행한 논의의 상당수가 글로벌 기업이 주도하는 내용이기 때문입니다. 그들이 나쁜 사람들이어서가 아니에요. 하나의 프레임으로 틀을 짜온 사람들이기 때문입니다. 탄소를 거래할 수 있는 수단으로 바라봅니다. 이미 위험하고 파괴적인 방식으로 남용되고 있습니다.

세금, 보조금, 규제가
지역경제 발전의 핵심

온실가스 배출량을 줄인 부분에 대해 유엔에서 공인을 해주는데요, 이 탄소 배출권이 기업의 수익 구조에서 원자재 취급을 받기까지 합니다. 탄소 배출권 판매가 가능하기 때문인데요, 테슬라도 지난 수익의 상당수가 탄소 배출권 판매에서 나왔고요.

글로벌 무역이 매일매일 얼마나 팽창하고 있는지, 그를 통해 그 구조 속에 있는 사람들이 더 부유해지고 있다는 소리도 우리는 듣지 못해요. 정부들은 글로벌 은행과 기업 들에 권한을 넘기면서 점점 허약해지고 있습니다. 그들이 사악한 악당이어서가 아니라

헬레나 노르베리 호지

파괴적인 방식으로 운영하는 질서에 갇혀 있기 때문입니다.

그렇다면 지금 이 상황에서 우리가 지역경제로 전환하는 방법은 무엇일까요? 규제를 강화하는 것인가요?
정부들은 세 가지 장치를 쓸 필요가 있습니다. 경제를 발전시키는 방향을 형성하는 데 가장 중요한 작동 원리는 세금, 보조금, 규제입니다. 지금은 이를 지역과 국내 사업들 대신에 글로벌 거래자들을 지원하는 데 쓰고 있어요. 글로벌 규제는 완화하고 지역 규제는 과도하게 강화하고 있습니다. 세계화 산업을 이루는 망 속에 있는 시설이나 생산에 보조금을 지급하고, 지역과 국내 산업에는 세금으로 압박하고 있어요. 지금 즉시 이 규칙을 뒤집는다면 그 땅에 사는 사람들뿐 아니라 지구 전체가 이로워집니다.

2014년에 생닭을 포장해서만 팔 수 있는 축산물위생관리법 시행령 때문에 시장 상인들이 과태료를 내고 곤란을 겪었는데요, 기사화되면서 영세 상인을 위한 법이 바뀌고, 소비자도 생닭의 상태를 보고 살 수 있게 됐습니다. 캘리포니아의 경우는 가정에서 만든 음식 판매가 불법이었다가 풀뿌리 조직들이 빵이나 쿠키를 구워 팔 수 있도록 법을 바꾸고, 지금은 따뜻한 음식을 부엌에서 만들어 팔 수 있게 되면서 특히 갓 이민 온 여성들의 자립에 도움이 되고 있습니다. 여러 예가 떠오르네요.

새로운 방향으로 규제를 재정립해가면서 민주주의도 강화됩니다. 보이지 않던 사람들이 지역경제망 속에서 자리를 찾아가고 눈으로 확인하는 관계 속에서 먹거리 안전도 단단해질 수 있죠. 그럼에도 너무 많은 관료주의로 의사든 언론인이든 교사든 점점 더 불필요한 요식행위를 하고 있어요. 모든 것이 중앙에 집중해 있고 세계화 시스템의 일부로 움직이기에 그렇습니다. 우리가 탈중앙화한다면 관료주의는 훨씬 덜하고 민주주의는 더 많아질 겁니다.

우리에게 맞는 속도와
규모를 유지하자

구글이나 아마존이 파산해도 한국인은 상관없어요. 하지만 삼성이 파산하면 우리는 망할 것으로 생각합니다. 집단 패닉에 빠질 수 있죠. 현재 삼성의 CEO는 감옥에 있는데, 최근 여론조사에 60퍼센트 넘는 사람들이 삼성 CEO를 석방하는 데 동의했다고 합니다. 삼성이 한국의 경제를 지탱해주기에 기회를 주자고요. 삼성은 글로벌 기업의 중심에 있습니다. 이런 한국 사회의 논리에 대해 어떻게 생각하시는지요?

한발 물러서서 사회의 우선순위가 무엇인지, 우리 현대사회에서 어떤 일이 일어났는지 살펴보면 좋겠습니다. 한국에 있는 모든 사람에게 솔직히 말할 수 있도록 보장하는 열린 질문을 한다면 답이

헬레나 노르베리 호지

나올 거라 봅니다. "당신이 미래를 위해 지금 소중하게 여기는 우선순위는 무엇입니까?" "당신의 아이들이 행복하고 뜻있는 미래를 가질 수 있도록 당신은 지금 어떤 사회를 보고 싶은가요?" 우리가 심각한 위기에 직면해 있다는 사실을 이야기하는데, 이는 단지 기후 비상사태만이 아닙니다. 우리는 젊은이들 사이에서 전염되고 있는 불행을 보고 있어요. 우울증, 자살이 유행합니다. 우리는 어디에서 잘못됐고 올바른 방향으로 가기 위해 무엇을 할 수 있을지 전체적으로 이해하도록 자리를 틀고 앉아 생각해야 합니다. 반드시 전체적인 시선을 가져야 합니다.

이것은 재생 농업regenerative agriculture(농작물을 키우면서 토양을 개선하고 대기 중의 탄소를 제거하는 것을 목표로 하는 새로운 농업 형태)에 관해 제가 경고하는 방식이기도 합니다. 재생 농업은 탄소 감축 계획이 발표되면서 갑자기 유행하고 있습니다. 토양을 우선으로 돌보는 농사인데요, 토양이 건강할수록 탄소를 흡수하는 탄소 포획력이 좋아집니다. 바로 이 점 때문에 재생 농업에 재정을 지원하겠다는 곳이 앞다퉈 나오고 있어요. 자신들은 탄소를 줄이고자 노력하고 있다는 메시지를 홍보하고 싶은 거죠.

네, 토양을 돌본다는 생각은 훌륭합니다. 하지만 전체적인 관점을 취하지 않는다면 이 농업의 전 과정이 다른 단일 재배 기업형 농업과 별 차이를 내지 못할 수 있어요. 이익을 위해 에너지를 남용하고 플라스틱 포장재와 냉장 창고 등 기업 논리로 운영되면 과연 탄소 포획을 하는 의미가 있을까요? 우리가 더 큰 그림을 보기 위해 뒤로 물러서고 전체론적으로 본다면, 딜레마에 빠진 듯 보이는 문제들도 실마리가 드러날 수 있습니다.

흑이냐 백이냐 하는 질문, 한 단어로 단순화하는 상황 정리가 현실을 왜곡하고 특정 집단의 이해관계로 흐르는 경우를 봐왔습니다. 현대 정치의 문화인 것 같아요.

네, 세상에 오로지 좋거나 오로지 나쁜 것은 없습니다. 세상의 모든 것은 역할이 있고 서로 의존하며 상호 존재하니까요. 그런데 우리는 말 그대로 종을 영원히 소멸시키며, 점점 더 많은 에너지, 더 많은 자원을 사용하고 있어요. 우리가 더 큰 생명의 가족 일부로서의 인간이라고 알아차리기보다는 왕인 것처럼 맹목적으로 행동합니다. 이제 우리는 많은 아이디어들이 있어요. 지속 가능성, 생태학, 생물 다양성, 일자리 지원, 환경 복원에 대해 통찰을 얻고 있습니다. 그런 우리가 더 빨리 갈 필요가 있을까요? 우리 아이들과 함께하는 시간을 내기 위해 조금은 속도를 늦출 필요가 있지 않을까요? 우리에게는 모든 사람을 위할 시간이 있고 식물과 동물을 위할 시간이 있습니다.

그런데 우리는 기술의 속도로 달리고 있어요. 지금 더 많은 기술이 필요한가요? 아니면 다른 기술이 필요한가요? 우리가 인간으로서 알아야 할, 우리를 진정 돕는 기술 말입니다. 시간 압박은

헬레나 노르베리 호지

그 어떤 현명한 사람이라 해도 큰 그림을 보기 어렵게 하는 파괴적인 장치입니다. 삼성, HSBC(세계 최대의 영국 다국적 금융회사), 다국적 기업의 CEO들, 그들은 악인이 아니에요. 세상을 파괴하려고 거기 앉아 있지 않습니다. 그들에게 실제로 무슨 일이 일어나는지 큰 그림으로 보고 이해하고자 할 시간이 있을까요? 아니에요! 더 큰 권한을 가질수록 더 바삐 움직이고, 오래된 아이디어를 고수하고 GDP로 측정되는 성장에 집착하게 됩니다.

속도는 테크놀로지의 기능입니다. 우리는 이렇게 말해야 해요. "잠시 멈추고, 잠시만 기다리자. 5G로 서두르지 말자. 인간에게 맞는 속도를 유지하고 삶을 돌보기 위해 규모를 줄이는 방법을 살펴보자." 저는 사람들이 우리 시대를 잠식하고 있는 성장 서사에서 벗어나기를 바랍니다.

환경 정책은 우리와 이웃의
안전한 삶에서부터

탄소 배출량 감소를 위한 지구적인 에너지 인프라 전환의 일환으로 나온 '녹색 채무 전환Green Debt Swap'에 대해 묻고 싶은데요, 4월 15일에 열린 G20 재무장관 회의에서 IMF 책임자가 100개국이 넘는 나라에서 IMF에 위기 재원 조달을 요청했다고 말했습니다. 대부분 개발도상국가이지만 세계 GDP의 40퍼센트를 차지하는 이들의 위기가 내년에는 세계경제 위기로 올 수 있다고 전망했습니다. 이들 국가들이 재생에너지로 인프라 전환을 하고 환경 파괴를 막도록 선진국에서 이들 국가의 채무를 변제해주자고 강조했습니다. 모두가 알다시피 경제 개발을 이룬 국가들이 내뿜은 탄소량은 적도 인근에 있는 저개발국가들을 기후 재난으로 고통받게 합니다. 녹색 채무 전환을 어떻게 평가하시는지요?

가난한 나라들도 산업화된 나라들처럼 배출량을 빠르게 줄이도록 해야 하는가에 대해 많은 논의가 있었습니다. 산업화된 세계에 있는 환경 단체들은 "아니오"라고 했어요. 가난한 나라에 배출량을 줄이도록 압박할 필요가 없다는 거죠. 왜냐하면 문제는 우리가 만들었기 때문입니다. 그러니 우리가 처리해야 한다는 주장입니다. 이 논쟁은 산업화된 국가들의 기업이 생산 공장을 가난한 나라로 이동하기 시작한 때와 거의 동시에 나왔습니다. 그들 기업은 미국에서 또 한국에서 중국, 인도네시아, 멕시코로 공장을 옮겨갔어요. 거대 글로벌 비즈니스를 위해 값싼 노동력을 찾아갔습니다. 대부분 가난한 나라들이고 세계의 공장이 된 거죠. 브라질에서 멕시코, 인도, 중국에 이르기까지 그 나라의 수많은 엘리트들은 지금 글로벌 카지노 경제의 일부로 작동합니다. 신흥 억만장자들이 어디서 나오는지를 보면 분명해져요. 소위 부유한 나라라고 일컬어지는 곳이 아니라 바로 이들 나라에서 더 많이 나왔어요.

저는 녹색 채무 전환이 그리 바람직한 결과를 만들어내지 않을

헬레나 노르베리 호지

것이라 봅니다. 이 방식이 그 지역 사람들의 환경을 개선하고 그들의 생활을 나아지게 하는 진짜 부를 만들어낸다면 좋은 거래가 될 텐데요, 실제로 일어나는 일은 다를 겁니다. 서구나 아시아나 산업화된 나라의 중산층들은 인도나 콜롬비아에 있는 가난한 사람들을 지원하고 싶어 합니다. 아마존을 지키고자 나서고 있고요.

그런데 그들의 산업화의 방향을 바꾸고 자립을 지원하는 일은 돈만으로 가능하지 않습니다. 지구적인 시민운동으로 무르익어 전체 산업의 방향을 바꾸는 데까지 나아갈 수 있어야 해요. 우리는 아마존을 밀어버리는 것과 같은 대규모 추출이 그 어디에서도 일어나는 것을 원하지 않잖아요. 풀뿌리에서부터 논의가 올라와야죠. 녹색 채무 전환은 아주 상층 단위에서 고려하는 방안입니다. 우리가 원하는 해법으로 현실에서 결과를 가져오기는 어렵습니다.

하지만 현실적으로 인도나 브라질 등의 나라에서도 전기를 사용합니다. 우리는 그들의 에너지 인프라를 재생에너지로 바꾸도록 지원해야 하지 않을까요? 어떤 방식이 필요할까요?

왜 환경 운동가들이 저개발국가에게 배출량을 줄이도록 압박할 필요가 없다고 했냐 하면 우리가 압박할 대상이 그들 국가가 아니기 때문이에요. 그들 나라에 있는 공장들의 소유자는 선진 산업 국가에 있습니다. 그들이 만든 옷과 신발과 부품들은 대부분 선진

산업국가에서 소비됩니다. 그들이 필요한 생활 물품을 만들기 위해 탄소를 대량으로 배출하는 것이 아니죠. 물론 우리는 그들 국가에서 분산된 재생에너지를 생산하도록 지원해야 합니다.

하지만 지금의 지원 방식은 오히려 세계화 무역을 활성화하도록 공적 기금으로 지원하고 에너지 소비를 증가시킬 가능성이 큽니다. 진정으로 그들이 재생에너지로 시골에서도 편리하게 전기를 쓸 수 있도록 하려면 아주 간단한 시스템으로 저렴하게 발전할 수 있는 장치를 지원해야 해요. 사람들이 자기가 살던 시골에서 계속 살 수 있도록요. 요즘 세계적으로 일어나는 추세가 바로 도시로의 탈출입니다. 저렴한 소규모 분산형 재생에너지 설비로 대규모 도시 이동을 방지할 수 있습니다.

탈중앙화를 통한 탄소 절감과
그린 뉴딜의 강화

요즘 지구온난화로 인해 더 많은 기후 이민자들이 발생하고 있습니다. 가뭄과 허리케인 등으로 농사를 망치니 도시로 이동하고, 코로나19 여파로 도시경제까지 무너지니 국경을 넘습니다.

무엇보다 전적으로 국가의 예산이 도시 건설에 집중하고 있습니다. 정치 지도자, 정부 지도자, 기업 지도자 들은 이렇게 주장합니다. "오, 우리에게는 선택의 여지가 없습니다. 그들이 여기로 오

헬레나 노르베리 호지

고 있습니다." 아니요! 그곳 도시에 일자리가 집중되어 있기 때문입니다. 왜 거기에 일자리가 집중되어 있습니까? 작은 마을과 도시를 지원하는 데 더 많은 자원이 투입되지 않는 이유는 무엇입니까? 글로벌 기업이더라도 중국의 모든 마을에 맥도날드를 열 수는 없습니다. 거대 기업의 경우 큰 항구, 큰 공항 및 거대 도시를 키워갑니다. 인구가 그들에게 의존하도록 만드는 방식입니다.

따라서 글로벌 시스템과 거대 도시는 구조적으로 연결되어 있습니다. 이런 점에 대해 이제는 별 문제의식조차 없는데요, 세계 무역업자에 대한 도시의 의존이 시작되고, 토지를 중심으로 형성된 작은 도시와 마을이 파괴되기 시작한 지 벌써 400~500년이나 됐습니다. 오랫동안 계속되어왔고, 점점 더 나빠지고 있습니다.

우리의 인식을 탈중앙화, 분산화를 더욱 고려하도록 넓혀야겠습니다. 탈중앙화를 통해 탄소 절감으로 나아가도록 그린 뉴딜을 강화하면서요.
진짜 그린 뉴딜이죠. 저는 이를 진짜 그린 뉴딜이라고 말할 수 있어요.

사람들이 다시 부엌에서 빵을 굽기
시작했어요. 한 번도 뭔가를 재배해보지
않았거나 관심조차 없던 사람들이 먹거리를
기르는 기쁨을 발견하고, 땅을 통해
자연과 연결되고 그 안에서 다른 사람들과
연결되고 있어요.

땅을 기반으로
자연·이웃과 연결되는 사람들

마지막 질문인데요, 요즘 들어 선생님께 뭔가 미래를 보여주는 느낌으로 다가오는 사건이나 광경이 있나요? 희망을 전하는 모습이라면 무엇일까요?

저에게 희망을 주는 심오하고 상징적인 징후가 많이 있습니다. 사람들이 다시 부엌에서 빵을 굽기 시작했어요. 한 번도 뭔가를 재배해보지 않았거나 관심조차 없던 사람들이 먹거리를 기르는 기쁨을 발견하고, 땅을 통해 자연과 연결되고 그 안에서 다른 사람들과 연결되고 있어요. 갑자기 어린 자녀들을 데리고 부모와 함께 살기 시작한 사람들도 있습니다. 코로나19 때문에 하게 된 동거인데 다들 좋아합니다. 그들 중 일부는 이제 땅을 사서 함께 살 생각까지 하더군요.

그리고 봉쇄(락다운) 상태에서 어르신들을 돌보려고 동네에서 단체를 만드는 사람들도 생겨났습니다. 사람들이 서로를 배려한다는 사실이 저를 행복하게 했어요. 코로나19가 아니었다면 그런 경험을 하지 못했을 겁니다. 서구 사람들은 가족이나 이웃과 분리되어 사는 경향이 강합니다. 모든 것이 너무 빠르고 경쟁이 치열하고 피상적이라서 그래요. 우리는 점점 더 빠르게 움직일수록 표피적인 데 쏠리기 때문입니다. '나는 유명한가?' '얼마나 많은 좋아요를 받았나?' '나에게 고급 차가 있나?' 이 모든 피상적인 물음들이 점점 더 중요해지고 있습니다. 그래서 불행한 사람들이 점점 더 많아집니다. 저는 가족과 이웃에서 일어나는 이 재결합이 경이롭습니다. 가장 상징적이죠. 사람들이 알든 모르든 원하는 미래를 보여준다고 생각해요.

해답은 자생력과 위기 극복력을 갖춘 지역경제 생태계에 있다

2018년 11월에 헬레나 노르베리 호지와 나눴던 대화가 떠오른다. 당시 군산에 있는 제너럴모터스GM 생산공장이 철수하는지 여부가 쟁점이었다. GM이 떠나면 그곳은 죽은 도시가 되리라는 우려가 팽배했기에 헬레나 노르베리 호지에게 물었고, 그의 답은 담백했다. "거대 기업이 떠나도 그곳에는 전부터 사람들이 생활할 수 있었던 오래된 경제 생태계가 있습니다." 그렇다. 그곳에는 주민센터가 있고, 학교가 있고, 약국이 있고, 수많은 상점이 있다.

중국의 경제학자 원톄쥔은 코로나19가 우한을 덮쳤을 때, 중국 시골 마을들이 시행했던 생존법을 이야기해줬다. 마을 전체를 스스로 봉쇄한 것이다. 그들은 한가로이 겨울과 봄을 보냈다고 했다. 만약 그 마을들이 택배 차량이 오지 않으면 살 수 없는 구조라면 그들은 고사했을 것이다. 하지만 여전히 선술집에서 친구를 만나고 미장원에서 머리를 자르고 시장을 열며 들일을 했다. 마스크 없이 역병의 파고를 건넌 것이다.

우리에게는 늘 환란이 왔고, 늘 이름 바뀐 위기가 왔다. 이제는 위기가 위기로 작동할 수 있는 조건을 손봐야 한다. 지역이 자생력을 갖고, 위기를 극복할 수 있는 탄성을 갖춘다면 그 어떤 위급 상황이라 해도 고통의 질과 강도는 다르지 않을까?

대니얼 마코비츠

능력주의는 어떻게 불평등을 재생산하는가

"능력주의라는 덫에서 정말로
자유로울 수 있는 사람은 아무도 없습니다.
그리고 아무도 탈출하려 하지 않습니다.
그 점이 바로 덫, 함정이라는 겁니다."

대니얼 마코비츠　Daniel Markovits

예일대학교 로스쿨 교수이자 예일대 사법연구소 소장. 1969년 런던 출생. 예일
대학교 수학과를 졸업하고, 런던정경대학교에서 경제학 석사학위를, 옥스퍼드
대학교에서 철학 박사학위를 받았다. 사법, 도덕 및 정치철학, 행동경제학에 기
초한 철학 기반 속에서 작업하고 있다.

마코비츠는 대학원에서 철학을 공부하면서 인적 자본에 불평등이 생길 때 발
생하는 독특한 문제를 포함해 경제적 불평등에 관심을 두게 됐다. 미국 법조계와
학계에서 천재 중의 천재로 꼽히는 그는 엘리트 코스를 걸어온 자기 자신을 비롯
해 오직 엘리트에게만 유리한 쪽으로 사회가 '조작'되고 있다는 주장을 펼쳤다.
불평등 문제의 원인은 능력대로 공정하게 보상받는다는 '능력주의(meritocracy)'
그 자체이며, 이는 거짓이라는 것이다.

그는 20여 년 동안 연구한 능력주의를 중심으로 세계화 자본주의 속 불평등
이 세습 구조로 안착하는 방식을 파헤치는《엘리트 세습(The Meritocracy Trap)》
을 2019년에 출간했다. 이 책은《뉴욕타임스》《월스트리트 저널》등 유수의 언
론이 주목했으며 아마존 베스트셀러로 많은 독자의 호응을 받고 있다. 그 외의 저
서로는 2008년에 프린스턴대학교 출판사에서 펴낸《현대 법률 윤리(A Modern
Legal Ethics)》, 2012년 언론재단에서 출간한《계약법과 법적 방법(Contract Law
and Legal Methods)》이 있고 하버드대학교 출판사에서《스노볼 불평등(Snowball
Inequality)》이 나올 예정이다.

좋은 일자리를 얻기 위해 좋다는 대학에 들어가야 한다는 공식은 더욱 분명해졌다. 1990년대 대학 자율화 정책 이전까지 대학 진학은 고등학생 10명 중 3명에게만 허용됐다. 대학생이 되자마자 한 발 걸칠 수 있던 엘리트 그룹이기에 그들은 부모의 부와 문화 자산에 휘둘리지 않았다. 현재는 10명 중 8명이 대학에 간다. 상위권 대학 진학에 학생과 부모 모두가 돈과 시간을 쏟아부으며 매달린다. 지금 그 경쟁의 고삐를 바투 쥐고 있는 이들이 바로 내 또래 4050 부모들이다. 유신 체제와 맞섰던 당시 대학생이라는 특별한 위치에 있던 나의 삼촌 이모 세대들과 지금 '꼰대 되지 않기' 운동을 하고 있는 나의 세대는 곁눈질 없이 성실히 앞으로 달려왔다. 소득 상위 20퍼센트에 진입한 이들은 "살아남기 위해 성실히 인내하며 이 자리에 올랐다"라고 자신을 위로한다. 온 국민이 낸 세금으로 운영하는 사회 시스템을 당연시하며 구멍 난 사회의 안전장치를 내 자식만은 피해가도록 사적인 징검다리 놓기에 몰두했다. 거리낌 없이 '애달픈 부모 심정'을 말한다. 그 부모 심정 속에서만큼은 사회정의라는 자기 검열이 스러지고 말았다. 경쟁을 강요하는 세상 질서는 경쟁을 돌파해 안정적 지위를 확보하고 이를 세습하고자 하는 욕망과 붙어 신자유주의 시대에 인간 체질로 떼려야 뗄 수 없는 안팎을 이뤄냈다.

예일대학교 로스쿨 교수인 대니얼 마코비츠는 불평등 문제의 핵심을 오직 엘리트에게만 유리한 쪽으로 사회가 '조작'하고 있는 현상에 있다고 꼬집는다. 능력대로 공정하게 보상받는다는 '능력주의'가 불평등을 재생산한다는 것이다. 이번 장에서는 기성세대들이 만들어놓은 경쟁과 노력의 틀이 어떻게 강력한 덫으로 사회를 발목 잡는지 살펴보고자 한다. 《엘리트 세습》(한국어판)이라 출간된 《능력주의 덫The Meritocracy Trap》을 쓴 대니얼 마코비츠 교수와 지난 5월 27일 1시(미국 뉴헤이븐 현지 시각)에 인터넷 화상으로 나눈 대화다.

자신에게만 유리한 정책을
설계하는 엘리트들

트럼프 등장 이후 엘리트에 대한 원망이 세계 곳곳에서 두드러지게 일고 있습니다. 프랑스에서 3년째 이어지는 노란 조끼 저항도 그 한 흐름이고 한국에서도 점차 주요한 사회 불만 요소로 드러나고 있습니다. 먼저 이에 대한 당신의 해석을 듣고 싶습니다.

두 가지 이유가 있다고 생각합니다. 한 가지 이유는 훨씬 분명하고, 다른 한 가지 이유는 이보다는 약합니다. 더 분명한 지점은 엘리트들이 시간이 지날수록 부유해지고 또 부유해지고 또다시 더 부유해지고 있다는 점이죠. 중산층들이 고군분투하는 지난 20년 동안 엘리트들은 자신들이 무엇을 하고 있는지 잘 안다고 주장하면서 일련의 결정들을 내려왔습니다. 이는 오늘날 잘못된 결정으로 밝혀졌고요.

그 첫 번째가 미국에서는 이라크 전쟁이었습니다. 엘리트들은 이라크 전쟁은 필요하다고 말했어요. 사담 후세인에게는 핵무기 혹은 화학무기가 있다고요. 그렇지 않음이 밝혀졌고, 그 전쟁은 재앙이 됐습니다. 그리고 글로벌 금융 위기가 닥쳤습니다. 이번에는 군대나 정치 엘리트가 아니라 금융 엘리트 들이 주축이 됐

　　　　　　　　　　　　　　　대니얼 마코비츠

습니다. "우리는 명민하고, 경제를 안다. 모두를 더 부유하게 만들 금융 공학을 알고 있다"라고 말하던 엘리트들이었습니다. 그들의 금융 공학은 그들을 더욱 부자로 만들고 경제는 거의 폭파하고 수 많은 사람을 끔찍하게 만드는 것으로 증명됐습니다.

그 후 적어도 미국과 영국, 유럽의 시스템을 어느 정도 신뢰하는 엘리트들이 나섰습니다. 그들은 "우리가 정치 시스템을 통제할 수 있는 능력을 갖췄다"라고 말했습니다. 도널드 트럼프는 승리하지 못할 것이며 유로는 안정될 것이고 유럽연합은 계속 유지될 것이라 했습니다. 이는 도널드 트럼프의 승리, 브렉시트 현실화로 이어졌습니다. 그리고 유럽연합은 거대한 압박 아래 놓였습니다.

마침내 코로나19 대유행은 엘리트들에게 바이러스 확산을 억제할 능력이 없다는 사실도 드러냈습니다. 많은 사람이, 정말 많은 사람이 병들고 죽었습니다. 저는 이 일들 속에서 엘리트들은 자신들이 믿는 것을 말해왔고, 단지 현실이 그들이 틀렸음을 보여 줬다고 생각합니다. 그들의 정책은 사회 전체가 아니라 오직 그들에게만 유리했다는 것을 드러냈다고요.

첫째는 엘리트가 만든 엘리트에 대한 분노로군요.
그리고 두 번째 이유가 있습니다. 분노하는 사람들은 엘리트가 특권을 누릴 뿐만 아니라 자신들을 모욕한다고 느낍니다. 엘리트들은 스스로 특권을 누릴 자격이 있다고 말하며 다른 사람들에게

"당신이 우리 중 한 명이 되지 못한 것은 당신 잘못이다"라고 말해왔습니다. 이는 확실히 더 깊은 분노를 유발합니다. 왜냐하면 아예 그 어떤 상황도 고려하지 않고 존재 자체를 열외로 밀어낸 것이니까요. 당신 잘못이라고 말하는 것은 특권을 누리는 것보다 더 나쁩니다. 실제로 이는 당신의 잘못이 아니기에 더 악의적입니다.

제가 처음 '엘리트'라는 단어를 접했을 때가 초등학생이었는데요, 교복 브랜드로 그 뜻을 알았습니다. 자연스레 공부 잘하는 사람, 공부 많이 한 사람을 떠올렸고요. 제 또래는 물론이고, 많은 이들이 엘리트 하면 똑똑하고 이끌어주는 위치를 담당한다 여기며 존중할 마음을 내는데요, 돈이 거의 모든 가치를 잠식한 이 시대에 누가 진정한 엘리트일까요?

이제 엘리트는 압도적으로 특정 대학에서 특정 종류의 교육을 받은 사람들이 차지합니다. 미국에는 15개 정도가 있죠. 영국에는 3개 내지 5개가 있습니다. 프랑스에는 두 대학 정도 있고, 한국의 경우는 서울대학교입니다. 다른 아시아 국가에서 꼽으라면 싱가포르 국립대학교도 있습니다. 전 세계를 가로질러 두어 개 대학들이 점점이 박혀 있습니다. 최고의 은행들, 최고의 다국적 기업, 최고의 국제 언론 기관, 가장 높은 지위와 가장 큰 권력을 가진 거대 정부 기관들, NGO들. 국가의 공무원에서부터 대기업, 유엔, 미국 정부, 유럽위원회에 이르기까지 모두 이 소수의 대학을 졸업한 이

대니얼 마코비츠

들로 차 있고, 그 사람들이 수입과 지위와 권력에서 불균형한 몫을 차지하고 있습니다.

미국을 보면 전문 의사들과, S&P 1500에 올라 있는 기업의 부사장 이상인 사람들을 예로 들 수 있습니다. 미국에서 가장 큰 1,500개 회사를 말합니다. 대형 컨설팅 회사의 경영 컨설턴트, 대형 회계 법인의 회계사들, 대형 은행 및 금융회사에서 일하는 전문가들, 가장 크고 가장 수익성 있는 법률 회사의 헤지펀드 및 변호사 들입니다. 그 직업들은 가장 부유한 1퍼센트 가구수의 절반 이상을 차지합니다.

그것이 왜 문제인가요? 역사적으로 정부나 기관에 등용된 엘리트들, 현대사에서도 교육을 많이 받은 엘리트들이 여러 분야에서 변화를 이끌어왔습니다.

두 가지 이유로 문제입니다. 하나는 이러한 직업을 채우고 있는 대학들의 재학생을 보면 그들의 부모들이 이런 엘리트 직군에 종사하는 경우가 압도적입니다. 미국 아이비리그 대학에 다니는 학생들의 가계소득을 보면 하위 50퍼센트보다 가장 부자인 상위 1퍼센트에 속한 경우가 훨씬 많습니다. 이것이 문제인 이유는 바로 기회의 평등을 파괴하기 때문입니다. 당신이 남보다 앞서 나가려면 먼저 당신의 부모가 저 앞에 가고 있어야 합니다. 그렇지 않은 경우 성공할 기회를 얻기란 거의 불가능하죠. 불공정할뿐더러 정치적으로 피해를 줍니다. 바로 당신이 처음에 물었던 그런 원망과 분노를 생산합니다.

또 다른 이유는 미묘하지만 믿을 수 없을 정도로 큰 사안인데, 엘리트들이 이런 직업을 차지할 때 일어나는 결과 때문입니다. 그들은 자신이 가진 유일한 기술과 그 기술을 익힐 수 있도록 단련해온 방식이 자신들에게 계속 유리하게 작용하도록 엘리트에 진입하는 경로를 정교하게 다시 설계했습니다. 구체적인 예를 들어볼게요. 회사가 어떻게 관리되는지 생각해봅시다. 요즘 미국에서는 사라진 방식이지만 유럽 일부 지역에서는 여전히 이어지는 기업 운영 방식인데요, 임원과 일반 직원 간의 직급이나 직무를 확연히 구분하지 않는 경영입니다. 다양한 직종에서 아주 많은 회사가 20여 년 전까지 이렇게 해왔습니다. 평범한 생산직 노동자도 평생 고용이 보장되고 회사 관리에 도움을 줬습니다. 왜냐하면 그 직원은 평생 거기 있을 것이고, 스스로 연마하며 승진 사다리를 올라갈 테니까 함께하는 것이 이롭죠. 그때는 여러 단계로 이뤄진 매끄러운 계층 구조를 갖췄고 모두가 회사 운영에 참여했습니다.

이는 두 가지 중요한 결과를 낳았습니다. 첫째, 모든 사람이 지금처럼 천문학적인 차이 없이 급여를 받았습니다. 둘째, 모든 사람이 자신의 작업 환경을 어느 정도 통제할 수 있었어요. 그렇게 중산층들이 일하는 직장들은 비교적 급여도 높고 인정을 받았습니다. 일하는 사람들도 존엄을 느끼며 자기 생각과 행동을 조절했

대니얼 마코비츠

죠. 오늘날은 바로 이런 회사들을 경영하는 사람들이 오로지 엘리트들이라는 겁니다. 그들이 경영 구조를 재정비했어요. 미국 경영 컨설턴트들이 '회사'라는 개념을 새롭게 심어주고 기업을 재정비하려고 개발한 방식입니다. 그들은 모든 중산층 일자리에서 통제력과 재량권을 빼앗아 소수의 경영진이 회사를 도맡아 운영하도록 했습니다.

완전한 통제 아래
놓여 있는 노동자들

한국의 경우 1990년대 후반에 MBA(경영전문대학원)라는 말이 대대적으로 통용됐습니다. 미국 경영전문대학원에서 학위 받은 사람들이 대거 고액 연봉으로 채용됐고, 경영 컨설턴트라는 직업이 마치 기업을 살리는 묘약처럼 받들어졌는데요, 돌이켜보면 회사 경영에 대한 인식뿐 아니라 노동에 대한 인식을 부속품 조립처럼 사고하게 한 전환점 같습니다.

그 결과 경영진이 아닌 모든 사람이 완전한 통제 속에 놓이게 된 거죠. 만약 당신이 지금 미국 아마존에서 일하고 있다면 팔찌나 벨트를 차고 있을 겁니다. 물류 창고로 들어서면, 어디로 걷고 얼마나 빠르게 움직이고 1시간 안에 몇 상자를 채우는지 보고됩니다. 거의 인간 로봇으로 변환된 거죠. 내 일을 어떤 방식으로 해야겠다고 생각할 재량권이 없습니다. 다른 사람이 만든 방식을 실행해야 합니다.

승진할 자리가 없기에 위로 올라갈 방법도 없습니다. 직장에는 당신 같은 사람들과 경영진이 있죠. 경영진이 될 수 있는 유일한 방법은 하버드대 경영대학원이나 그에 걸맞은 곳에서 학위를 받아오는 길뿐입니다. 그러니까 엘리트들이 경제를 재설계했고, 그 결과로 사회적 격차가 크게 벌어진 오늘의 시스템을 양산한 거죠. 동시에 그 시스템은 부자들에게 좋은 결과를 안겨주고 있습니다. 미국에서 상위 1퍼센트 부자들이 전체 국민소득에서 차지하는 몫은 1960년대에 비해 2.5배 많아졌습니다.

1950년대부터 1970년대는 미국 자본주의의 황금기로 중산층이 장밋빛 꿈을 꿀 수 있던 시기입니다. 당신이 말한 기업 문화가 존재했기에 가능했습니다. 엘리트의 역할과 이들에 대한 대중들의 분노가 정치적으로는 어떤 파장을 불러올 수 있나요?

극단적일 만큼 해롭다고 생각합니다. 우선 부당합니다. 정의롭지 못한 불공정으로 피해를 줬습니다. 두 번째 이유는 엄청난 분노를 가져왔고 그 분노가 두 가지 양태를 유발했기 때문인데요, 하나는 기관들에 대한 불신, 전문교육에 대한 불신입니다. 만약 당신이 전문교육을 받지 못했는데, 전문교육을 받은 엘리트들이 사회를 위해 대단한 기여를 하고 있다고 주장하며 실제로는 자기들만

대니얼 마코비츠

을 돌보는 모습을 본다면, 당신은 그 교육에 대해 매우 의심의 눈
초리를 갖게 될 겁니다. 하지만 때때로 전문교육은 중요한 역할을
합니다. 예를 들어, 백신을 맞아야 하는지의 여부와 같은 것이죠.
백신이 안전한지 가장 잘 아는 사람은 저나 당신이 아닙니다. 전
문교육을 받은 사람들입니다. 사회가 이런 훈련된 사람들을 불신
할 때, 그 결과는 백신에 대한 망설임으로 이어집니다. 공공 보건
당국에 대한 불신으로 이어지면서 감염을 막고 사람들의 생명을
구하기가 어려워집니다.

두 번째, 불신과 분노를 외부인에게 전가하는 겁니다. 엘리트
대신에 이민자나 유색인종을 탓합니다. 그래서 우리는 전 세계적
으로 일어나고 있는 포퓰리즘의 두 가지 얼굴을 보고 있습니다.
제도, 전문성, 법치에 대한 불신, 원주민 우선주의, 인종주의, 민족
주의입니다. 우리가 사는 시스템이 바로 이런 과정에서 정치적으
로 큰 피해를 봤습니다.

자유주의 엘리트들은
문제를 부정하는 데 전념한다

한국에서 벌어졌던 이야기를 하고 싶은데요, 지난봄에 치른 총선
결과로 두드러지게 드러난 경향입니다. 지금도 이어지고 있는 자
유주의liberal 정당인 여당에 대한 반발인데요, 보수에게 거부감을

느끼던 유권자들이 진보를 표방하는 여당의 오만함이 더 싫어서 보수에게 표를 줄 수밖에 없었다고 말합니다. 보수나 진보나 우리 삶을 나아지게 하려고 노력하지 않는 것은 마찬가지라고요.

거의 모든 국가에서 일어나는 한 가지 경향이 있습니다. 바로 자유주의 엘리트들이 그동안 문제를 부정하는 데 전념해왔다는 겁니다. 자유주의 엘리트들은 급진적이지도 않지만 민족주의적이지도 않아요. 이들은 세계화가 모두에게 좋을 거라고 말해왔습니다. 교육이 답이라고 하는 그런 말들이죠. "산업이 문을 닫더라도 걱정하지 말아라. 경제적 혼란은 항상 있었고 새로운 일자리가 생길 것이다. 모두에게 좋다." 자유주의자들은 이렇게 말해왔고 전부는 아니지만 그중 몇 가지는 사실이 아닌 것으로 밝혀졌습니다. 세계화로 인해 상처받는 사람들의 좌절과 원한을 직설적으로 진정성 있게 이야기한 사람들은 보수주의자와 민족주의자 들이었어요. 하지만 대부분의 보수주의자와 민족주의자 들은 상황을 실제로 개선하려 하지는 않았습니다. 그들이 상황을 더 나쁘게 만들었다고 말할 수도 있어요. 그럼에도 그들은 문제를 수긍하는 방식으로 말하고 있었습니다.

반면에 주류인 중도좌파는 문제가 존재하지 않는 척했습니다. 그 어떤 후보도 당신의 말을 듣지 않는데 누군가가 당신의 말에 귀 기울인다면 그 사람에게 표를 줄 겁니다. 심지어 저 사람이 선거 끝나고도 그렇게 할까 의심스럽다고 하더라도요. 적어도 그 사람

대니얼 마코비츠

한 번에 두 가지 정의를 수행할 수 있어야
합니다. 중산층을 위한 정의와 취약한
이들을 위한 정의입니다. 때로는 둘 사이에
긴장이 있을 수 있어요. 그 부분을 어떤
방향으로 잡아나갈지 정확히 알기는
어렵지만, 첫 번째 단계는 두 가지 문제가
모두 현실임을 인식하는 겁니다.

은 당신 말을 듣고 있었으니까요. 좌파가 이해해야 하는 한 가지는 불만에 귀 기울이는 겁니다. 사람들의 생활이 파괴되고 있다는 것을 인식해야만 합니다. 이를 고칠 사회정책을 제시해야만 해요.

현 정부가 4년 전 출범할 때 '기회는 평등하고 과정은 공정할 것'이라고 약속했습니다. 청년 세대는 무엇이 바뀌었냐고 묻습니다. 그들은 부패와 특권도 싫지만, 취약한 사람들에게 가산점을 주는 것도 싫다고 합니다. 우리에게 어떤 공정함이 필요할까요?

우리 사회에 세 그룹이 있다고 상상해보세요. 엘리트가 있고 중간층이 있고 후순위인 하위 그룹이 있습니다. 하위 그룹은 가난한 사람이 될 수 있겠죠. 어떤 면에서는 여성이 포함될 수 있고, 유색인종과 이민자가 포함될 수 있습니다. 그리고 엘리트 중의 일부가 하위 집단의 종속된 처지에 상당히 관심을 기울입니다. 그러면서도 중간층에 대해서는 관심이 없습니다. 왜냐하면 중산층은 최악의 상황에 부닥친 이들보다는 나은 생활을 하니까요. 만약 당신이 미국에 사는 백인 중산층이라면 서류 미비 이민자인 유색인 노동자보다는 특권이 있습니다만, 부자와 비교하면 그 어떤 특권도 없다는 것이 사실입니다.

엘리트가 중산층을 무시할 때, 중산층은 엘리트가 제시하는 공정에 대한 논리들, 그러니까 하위 계층에 대한 사회적 고려에 대해 불신하며 이렇게 말합니다. "왜 맨날 약자에 대해서만 이야기

　　　　　　　　　　　　　대니얼 마코비츠

하는가? 나도 많이 어렵다." 중산층이 어렵다고 말하는 것은 사실이에요. 더 힘든 문제에 처한 이들보다는 덜하지만 실제로 어려움이 있습니다.

네, 우리는 한 번에 두 가지 정의를 수행할 수 있어야 합니다. 중산층을 위한 정의와 취약한 이들을 위한 정의입니다. 그리고 때로는 둘 사이에 긴장이 있을 수 있어요. 그 부분을 어떤 방향으로 잡아나갈지 정확히 알기는 어렵지만, 첫 번째 단계는 두 가지 문제가 모두 현실임을 인식하는 겁니다.

결과의 불평등이 커지면
기회의 평등은 불가능하다

그런데요, 중산층은 상위 소득 20퍼센트 정도 되는 중상층이 되기를 원하고 중상층은 상류층이 되기를 원합니다. 하지만 사회이동성은 거의 불가능한 구조로 가고 있습니다. 점점 더 위로 올라갈 수단이 제약되죠.

결과의 불평등이 어느 이상으로 커질 때, 그래서 부자와 나머지 다른 사람들 사이의 격차가 심각히 커질 때, 그때는 이미 사회이동성이라는 말 자체가 거짓말이 된 상태예요. 결과의 불평등이 정도 이상으로 커지면 기회의 평등은 불가능해집니다. 정말로 해야 할 일은 결과의 불평등을 줄이는 거예요. 유일한 방법은 부자를 덜 부자로 만드는 것뿐입니다.

이와 관련해서 지금 우리에게 그나마 위안을 주는 한 가지 연구는, 부자들이 아주 부자가 되더라도 더 행복해지지 않는다는 겁니다. 사회과학 분야에서는 1년에 100만 달러 소득을 버는 미국 가정의 경우 수입이 증가한다 해도 삶에 별반 도움이 되지 않는다고 합니다. 왜냐하면 일단 1년에 100만 달러를 벌면 필요한 모든 것을 사고 별로 필요 없는 것도 많이 살 수 있기 때문입니다. 그래서 부자들은 자신들의 소득 일부를 실제로 충분히 포기할 수 있습니다. 그래도 타격을 입지 않습니다. 물론 그들끼리의 경쟁이 치열하죠. 그래서 그들은 모두 그 경쟁을 포기해야만 해요. 이는 정치적으로 하기 힘든 부분입니다.

당신은 세상이 1퍼센트 대 99퍼센트로 나뉘었다고 생각하나요?
여러 경제학자나 사회학자는 그보다 20퍼센트 대 80퍼센트에 초점을 맞춰야 한다고 말합니다. 그래야 현재의 경제적·문화적 지위 세습, 사회이동성이 막힌 구조가 설명된다고요. 뒤집어 말하면, 20퍼센트가 가진 기득권에 대한 조절이 있어야 불평등 구조가 개선될 수 있다는 말이고요.
만약 사회에서 누가 기본적인 경제 사정이 풍족하고 이에 대비해 누가 어려움을 겪는지 묻는다면, 1퍼센트는 너무 작은 그룹이라고 생각합니다. 실제로 1퍼센트보다 많은 가구가 풍족하게 살고

대니얼 마코비츠

있습니다. 어떤 곳에서는 10퍼센트, 20퍼센트, 심지어 30퍼센트일 수도 있습니다. 하지만 만약에 당신이 누가 아주 많은 경제 권력과 안전, 그러니까 자신들의 경제 권력을 정치권력으로 바꿔낼 수 있는 지위를 가졌는지 묻고자 한다면 1퍼센트는 너무 많은 사람일 수 있어요. 그것은 1퍼센트의 상위 10분의 1 중에 1퍼센트, 그리고 다시 상위 5분의 1(상위 0.0005퍼센트)일 수 있습니다. 그래서 오늘날 이 세계에는 정치학자들이 과두정치라고 부르는 별도의 문제가 있습니다. 이는 극소수 경제 엘리트가 사회 및 정치 시스템을 통제하는 독점입니다. 그 엘리트는 1퍼센트보다 훨씬 적습니다. 1 대 99냐, 20 대 80이냐 이 두 가지 범주는 모두 합리적이지만 어떤 답을 얻으려 하느냐에 달린 겁니다.

불평등 해결에 있어 가장 어려운 문제가 교육입니다. 중상층의 경우 자신의 모든 자원, 인간관계, 돈, 문화 자산 등을 자녀들이 더 많이 얻도록 투자하기 때문입니다. 좋은 대학에 가도록 아낌없이 쏟아붓죠. 이들의 경우 정치적으로 진보인 경우도 많습니다. 왜 점점 더 많은 헬리콥터 부모가 나오는 걸까요?
엘리트 학교에 들어가기 위한 엄청난 경쟁이 있고 그곳에 가는 굉장히 많은 방법이 있을 때, 사람들은 정교하게 경쟁 압박과 특혜를 생산합니다. 1990년대 중반까지만 해도 미국 엘리트 대학들은 지원자의 절반 이상을 받아들였습니다. 시카고대학교에서는 74퍼센트 정도를 받아들였죠. 작년에 하버드는 지원자의 3.4퍼센트를 받아들였어요. 30명 중 1명입니다. 하버드가 그 정도를 받아들인다는 것은 대부분의 고등학생이 하버드에 갈 수 없다는 말입니다. 하버드에 가려면 어려서부터 엄청나게 긴장해야 한다는 거죠.

그래서 가족들은 할 수 있다고 생각하는 모든 것을 시도하며 모든 자원을 쏟아붓습니다. 그들이 모든 자원을 쏟는 이유는 하버드에 들어가는 가치가 매우 높기 때문이에요. 지금 미국에서 가장 수익성이 높은 로펌에 간다면 그 로펌 파트너의 90퍼센트 이상이 상위 5~10위 로스쿨 졸업생입니다. 하버드 로스쿨을 나온다면 바로 맨 앞에서 출발하겠죠. 가족이 모든 시간과 돈을 투자하는 것이 얼마나 합리적인지 알 수 있습니다. 우리 시스템이 이를 매우 필수적인 과정으로 만듭니다.

작년 9월에 한국 정부는 지역 학생들을 우대해서 선발하는 공공의대 설립 계획을 발표했습니다. 당시 의대생과 그들의 부모들은 매우 분노했어요. 의대에 진학하기 위해 얼마나 노력했는데 그것을 무시하고 지방 학생에게 특혜를 주느냐고요. 그래서 모두가 묻습니다. 개인의 노력과 우리 사회가 보상하는 시스템이 갖는 연관 관계를 검토해봐야 하지 않나 하고요.

세 가지를 살펴보고자 합니다. 지금은 한국에서 변호사 되기가 약간 쉬워졌다고 알고 있습니다. 전에 사법시험에 합격하기란 엄청

대니얼 마코비츠

나게 어려웠죠. 응시자 중 1~2퍼센트만이 합격했습니다. 다른 사람들은 실패했어요. 기준이 너무 높았기 때문입니다. 그러니까 통과한 사람들은 정말 열심히 했고 잘 해낸 거죠. 당연히 스스로 열심히 했다고 말할 수 있습니다. 맞는 말입니다.

반면에 그렇게 열심히 노력할 수 있는 위치에 있으려면 많은 행운이 필요합니다. 자원이 필요하죠. 먹을 것이 됐든 무엇이든 간에 필요한 것을 얻고자 시간을 보내기보다 준비에만 몰두할 수 있는 조건이 필요합니다. 어떤 사람들은 가능하고 다른 사람들은 그렇지 않습니다.

그리고 세 번째는 가장 근원적인 부분인데요, 당신이 매우 힘들게 노력해서 잘 해냈다는 것 자체가 꼭 공동체에도 이로운 것은 아니라는 겁니다. 아주 구체적인 예를 들어볼게요. 한국도 비슷하지만, 미국은 의사와 의료보조 인력이나 간호사와의 소득 차이, 사회적 지위 차이가 매우 큽니다. 물론 사회는 의사에게 깊이 의존하는 방식으로 의료 시스템을 구성할 수 있습니다. 반면에 의사의 역할은 지금보다 작지만 많은 시간을 간호사, 영양사, 공공 의료 인력과 보내도록 구성할 수 있어요. 저는 우리가 의료 체계를 의사 중심에서 모든 의료 종사자의 역할을 중시하고 강조하는 체계로 이동한다면 지금보다 나은 건강관리 체계를 가지리라 생각해요. 공공의 건강을 증진하는 데 더 효율적이라고 봅니다. 비용도 저렴해지고 불평등을 덜 만들죠. 그리고 우리의 현실은 아직이 일자리들이 충분히 채워져 있지 않고요.

네, 물론 최고의 자리에 있는 사람들이 진정한 기술을 가지고 있고 그 기술을 수련하기 위해 정말 열심히 노력하는 것은 사실입니다. 하지만 모든 사람이 그 일을 할 수 있는 위치에 오르기까지 열심히 노력할 수 있는 여건이 되는 것은 아닙니다. 최고의 자리가 지금보다는 덜 중시되도록 사회의 가치 우대 중심을 이동한다면 사회 전반적으로 나아지리라 봅니다.

공공의료 병원이 나온 배경도 코로나19 이후 예방의학이 중요하다는 인식 때문인데요, 최고의 의료 서비스로 환자를 치료하는 경쟁력도 중요하지만 공공 보건의 방향인 예방을 의료 시스템의 한 축으로 세워낼 필요가 있다고 봅니다. 미국의 전문간호사NP, nurse practitioner(환자의 전반적인 상태를 최초 진단하는 주치의와 비슷한 권한을 가지고 최초 진료를 하는 간호사. 간호사로 경력을 쌓은 인력이 전문 과정을 수료하고 시험을 통해 자격을 얻는다)의 경우도 오바마 케어가 확산하면서 부족한 주치의를 충당하고자 강화되고 있고요.

불평등은 그 자체로
우리 모두에게 피해를 준다

앞서 큰 부자가 된다고 해서 행복한 것은 아니라는 점이 우리에게

대니얼 마코비츠

위안을 준다고 했습니다. 이 이야기를 좀 더 해보죠. 1퍼센트 부자들은 왜 행복하지 않나요?

데이터에 따르면 미국에서는 1년에 20만 달러(약 2억 3천만 원, 미국 상위 6.25퍼센트)를 버는 가족이 1년에 2백만 달러 또는 2천만 달러를 버는 가족만큼 행복하다고 합니다. 데이터는 소득 상위 1퍼센트(연 소득 53만 달러, 약 6억 7천만 원, 2020년 기준)가 행복의 상위 1퍼센트에 있지 않다는 것을 나타냅니다. 그리고 몹시 가난한 상태에 놓이면 불행합니다. 정신 건강에 좋지 않죠. 그런데 슈퍼 부자가 된다 해도 정신 건강에 좋지 않다는 것이 밝혀졌습니다. 슈퍼 부자가 되는 동시에 그 1퍼센트가 바로 자신을 1퍼센트로 유지하는 경쟁 속으로 가두기 때문입니다. 이 상황은 행복을 만들지 못합니다. 그러니까 불평등은 그 자체로 부자에게도 피해를 줍니다.

당신의 책을 읽으면서 가장 인상 깊었던 것은 상위 1퍼센트 사람들의 삶이 너무 힘들다는 언급입니다.

이 점에 대해서는 분명히 하고 싶습니다. 어려움이 있다고 해서 1퍼센트에게 연민을 갖자는 말이 아닙니다. 누구에게나 한 번뿐인 삶이기에 그 삶이 힘들다면 그 자체는 인정하자는 것이죠. 1퍼센트는 믿을 수 없을 정도로 특권을 가진 것처럼 보이지만 그들은 특권을 유지하기 위해 극도의 경쟁과 별로 신경 쓰고 싶지 않은 업무까지 매우 긴 시간을 일해야 합니다. 당신이 교사로 매우 긴 시간 일하고 학생들을 사랑한다면, 그 시간이 때로는 보상이 될 수 있어요. 학생들이 나아지는 모습을 보고 있으니까요. 학생들이 졸업한 다음에 당신을 찾아와 선생님 덕분에 인생이 달라졌다고 말하기도 하고요. 당신이 하는 일 자체가 가치 있죠. 피곤할 수도 있고 좌절할 수도 있고 시간이 줄어들기를 바랄 수도 있습니다.

하지만 하루가 끝나갈 즈음 "당신의 직업은 축복입니까, 저주입니까?"라고 물으면, 그들은 "축복입니다"라고 말할 겁니다. 만약 당신이 헤지펀드 직원이라면, 당신이 하는 일은 돈을 추구하는 것뿐입니다. 당신은 한 무리의 슈퍼 부자들이 더 부자가 되도록 애써주면서 다른 한 무리의 슈퍼 부자들을 덜 부자로 만들려고 합니다. 당신이 하는 모든 일은 도덕성에 있어서 종잡을 수 없는 효력을 발휘해요. 온종일 하는 그 일이 당신에게 본질적으로 보람을 주지 못합니다. 당신이 가치 있다고 생각하지 않으면서도 그 일에 평생을 바치는 것은 그 일이 돈을 주고 있기 때문인데, 이는 그리 좋은 인생살이 방법이 아닙니다.

끝없는 경쟁으로 매몰시키는
능력주의라는 덫

언젠가 방송에서 들었던 한 여학생의 말이 떠오릅니다. 서울대에

대니얼 마코비츠

들어가기 위해 중학교 때부터 하루 20시간 가까이 공부만 했다고 해요. 그 학생이 말하길, 어느 정도만 해도 한 달에 3백만 원을 벌 수 있는 노동환경이라면 그렇게까지 하지는 않았을 거라고요. 결국 교육 문제는 노동문제와 연결되어 있습니다.

경제적 불평등이 심화하고 경제가 중산층으로부터 분리되면서 사람들이 현실에서 단 하나의 선택만 할 수 있는 경우가 늘고 있습니다. 두 가지가 제안되죠. 하나는 이 엄청나게 강렬하고 믿을 수 없을 정도로 경쟁적이고 소외된 엘리트의 일부가 되는 겁니다. 그리고 다른 하나는 가난하거나 종속된 그룹에 속하는 것이고요. 중간이 없습니다. 편안한 중산층은 사라지고 있습니다. 당신이 묘사한 학생과 같은 마음인 사람이 참 많습니다. 이렇게 말하죠. "나는 돈을 숭배하지 않습니다. 안전하고, 걱정 없이 아이를 키울 수 있을 정도의 수입만 있으면 됩니다."

문제는, 충분히 얻을 수 있는 유일한 방법이 많이 얻는 것뿐이라는 점이죠. 적당히 살 수 있도록 보장해주는 직업, 이런 직업이 전에는 중간관리 직업이었고, 작은 식료품점을 열어서 꾸려가는 일이었습니다. 이런 중간에 있는 일은 지금 아예 없거나 존재하더라도 소멸하고 있어요. 대신에, 우리는 아마존의 임원이 되거나 시간제 노동자가 되어야 합니다. 따라서 정책이 해야 할 역할은 경제의 중간을 재건하고 사회의 중간을 재건할 방법을 찾는 겁니다. 어려운 과업입니다.

《능력주의 덫》이라는 제목을 사용한 이유는 무엇인가요?

두 가지 이유에서 현실이 덫이기 때문입니다. 부자들만 성공적으로 들어갈 수 있을 만큼 엘리트 진입 경쟁이 매우 치열해졌기 때문에 덫이고요, 그럼으로써 실질적인 이로움, 강력한 기회를 얻을 수 있는 길로 가는 데 거의 모든 사람을 배제하기 때문에 덫입니다. 엘리트에 진입했다 하더라도 엘리트에 머물려면 경쟁 속에서 모든 시간을 보내야 합니다. 덫에 빠진 거죠. 나머지는 배제하고 부자는 함정에 빠뜨리는 덫입니다. 이 덫에서 정말로 자유로울 수 있는 사람은 아무도 없습니다. 그리고 아무도 탈출하려 하지 않습니다. 그 점이 바로 덫, 함정이라는 겁니다.

교육과 노동 현장을
평등하게 만들자

시스템을 어떻게 바꿔야 이 덫에서 벗어날 수 있을까요?

단순하게 하버드나 예일, 프린스턴이나 스탠퍼드 같은 곳에서 지금과 달리 특이한 배경에서 자란, 그러니까 가난한 가정에서 자란 공부 잘하는 입학 후보자를 더 많이 찾겠다는 방법으로 교육이 평등하게 될 수 있다고 여긴다면, 이는 헛된 희망입니다. 엘리트 학교들이 그대로 소수로 남아 있다면, 거기에는 기회를 제공할 자리가 제대로 없는 겁니다. 하버드에 들어갈 경쟁력을 갖추려면 화려

대니얼 마코비츠

한 고등학교 교육과 화려한 초등학교 교육, 화려한 유아교육이 필요하기 때문입니다. 이와 다른 접근 방식은 중산층 학교와 가난한 학교에 더 많은 돈을 쓰고 부유한 학교에 더 적은 돈을 쓰는 겁니다. 그리고 부유한 학교의 입학생을 극적으로 늘리는 것이고요. 그들 안에 아주아주 많은, 더 많은 학생이 있게 됩니다. 그것이 교육을 더 평등하게 만드는 첫 번째 할 일입니다. 기회의 평등이 아니라 결과의 평등입니다.

두 번째는 직장에서 고도의 기술 직업보다 중산층을 위한 중간 숙련 직업을 늘리는 겁니다. 지금은 새로운 기술이 발명되면 엘리트 노동자, 고도의 기술을 갖춘 노동자들은 훨씬 더 생산적이 되고 더 높은 급여를 받고 중산층 노동자는 도입된 로봇으로 대체되고 있습니다. 중산층 노동자들을 훨씬 더 생산적으로 만드는 기술혁신이 필요합니다. 예를 들어, 작업자들이 전문 관리자 없이도 조정할 수 있는 컴퓨터 소프트웨어 시스템을 상상해보세요. 그러니까 피어 프로덕션 소프트웨어peer production software입니다.

피어 프로덕션이라 하면 위키피디아 같은 오픈 소스로 개인들의 협업을 통해 생산된 결과물 정도가 떠오르는데요, 피어 프로덕션 소프트웨어는 생소합니다.

많은 경영진이 없어도 공장이 돌아갈 수 있는 소프트웨어 체계를 구축하는 겁니다. 기술혁신으로 노동조건을 더 평등하게 할 수 있고, 협업을 추구할 수 있습니다. 또 우리는 현재 의사들이 전담하는 부분을 간호사들이 나눠서 담당할 수 있도록 기술을 혁신하는 방법을 상상해볼 수 있습니다. 따라서 우리가 필요로 하는 일부 정책은 한편으로는 교육을 훨씬 더 평등하게 만드는 것이며, 다른 한편으로는 노동 현장을 훨씬 더 평등하게 만드는 것입니다. 이 두 가지 정책은 서로를 강화하고 우리를 함정에서 벗어나게 도와줄 거예요.

우리가 스스로 어떤 기득권을 가졌는지 볼 수 있다면, 남들에 대해 우월감을 느끼기보다는 타인으로부터 어떤 지원을 받고 있는지 알아차릴 수 있으리라 봅니다. 내 안에 있는 능력주의 사고 체계를 검토해볼 의미가 있다고 여기는데요, 하지만 스스로 반추하고 성찰하기가 어렵습니다. 당신이 이를 안내해주기를 바랍니다. 만약 당신이 엘리트라면 저는 당신의 인생에서 두 가지를 생각해봐야 한다고 여깁니다. 첫째는 당신이 엘리트에 도달하기까지 매우 열심히 노력했지만, 그것이 곧 당신이 이점을 누릴 자격이 있다는 의미는 아니라는 것을 이해해야만 합니다. 당신이 진정으로 열심히 일했고 당신에게 진정한 재능이 있고 능력을 갖췄다는 것은 사실일 수 있어요. 또한 당신이 가져야 할 것보다 더 많은 특권을 누리는 것도 사실일 수 있습니다. 여기까지 한 가지이고요, 다른 하나는, 당신이 살고 있는 현재가 실제로 당신이 원하는 바로

대니얼 마코비츠

그 삶인지 확인해야 한다는 겁니다. 당신이 거의 모든 시간을 보내는 그 일들이 실제로는 중요하지 않다고 여기는데도 엘리트 무리에서 쫓겨날까 봐 두려워 매달리는 것은 아닌지요? 그러니까 그 일을 하도록 당신을 추동하는 요인이 그 일을 잘해야겠다는 마음인지 지위에 대한 불안인지 살펴봐야 하는 겁니다.

반대로, 만약에 당신이 엘리트가 아니라면 저는 당신이 이 점을 깨달았으면 좋겠어요. 그것은 당신 잘못이 아닙니다. 중요합니다. 당신 잘못이 아니에요. 당신이 게을러서가 아닙니다. 당신이 일을 잘못해서가 아니에요. 그리고 이는 당신보다 못한 사람들의 잘못도 아니라는 것을 깨달아야 합니다. 이 점도 중요합니다. 아시나요? 만약 당신이 백인 중산층 노동자라면 당신의 일자리가 점점 더 나빠지는 이유와 임금이 오르지 않는 이유는 당신의 잘못이 아닐뿐더러 또한 이민자들의 잘못도 아닙니다. 아프리카계 미국인들의 잘못도 아니고 여성과 페미니즘의 잘못도 아닙니다. 이는 엘리트의 잘못입니다. 그들의 잘못이 만들었습니다. 그러니까 부자와 나머지 사람 모두는 우리가 어떻게 능력주의와 연관되어 있는지에 대해 진지하게 생각해야만 합니다. 만약에 우리가 명확한 시각으로 이에 대해 분별한다면 능력주의가 우리 삶 속에서 어떻게 영향을 미치고 있는지 우리는 파악할 수 있습니다. 시작합시다.

관계를 보살피는
경영이 핵심

경영 컨설팅 회사 매킨지는 1990년 말 한국 대기업에게 중간관리층을 "혁신을 가로막는 블랙홀"이라고까지 언급했다. 2000년대 말까지 대기업 인사 책임자를 지냈던 분에게 들은 회고다. 과연 산업 현장에서 노동자들은 그저 부속품의 하나로 취급받아야 할까. 브라질 산타크루스두술에 있는 고무 제품 생산업체인 '메르쿠르Mercur'를 소개한다.

메르쿠르는 회사의 인사 시스템을 2009년부터 수평적으로 바꿨다. 다들 성과주의와 능력주의로 갈 때 이들은 시류를 거슬러 관계 중심 경영으로 갔다. 부서로 나누기보다 프로젝트 중심으로 운영했다. 새로운 프로젝트를 시작할 때마다 지원자를 받았기에 운전사로 입사하더라도 특정한 프로젝트에 참가한다면 그는 자신의 정체성을 운전사가 아닌 그 업무를 수행하는 담당자라고 인식한다. 회사의 주요 프로젝트는 모든 직원의 투표로 선정한다.

무엇보다 메르쿠르는 2009년 이후 단 1명의 노동자도 해고하지 않았다. 매출이 급감했던 2014년에는 해고를 피하려고 전 직원이 대책 회의에서 임금 삭감 없는 노동시간 단축을 의결했다. 노동시간을 주 44시간에서 36시간으로 줄이되, 임금은 이전과 같은 수준을 유지했다. 임금이 줄어들지 않은 것은 근속에 따른 인상분과 그해 임금 인상을 동결함으로써 가능했다. 2016년부터는 흑자로 돌아섰다. 흑자로 돌아서면서 임금을 8퍼센트씩 인상했지만, 노동시간은 주당 36시간을 유지하고 있다. 물론 남녀 임금 차이도 없고, '동일 노동 동일 임금'을 적용한다. 이들이 노동자들 사이의 평등성을 지향하는 이유는 메르쿠르가 추구하는 가치인 '관계'와 관련한 것이자, 실제 심리학자들과 공동으로 진행한 연구에서 회사 경영에 더 유리하다는 결과를 얻었기 때문이다. 메르쿠르는 '관계'를 보살피는 경영이야말로 이 시대 새로운 대안이 될 수 있음을 보여준다.

조한혜정

한국 사회는 지금 무엇을 논의해야 하는가

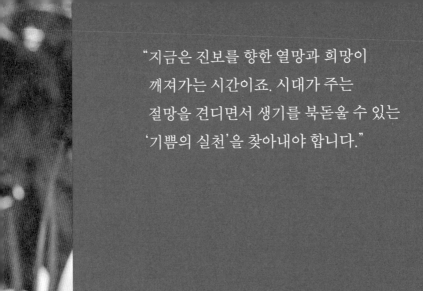

"지금은 진보를 향한 열망과 희망이
깨져가는 시간이죠. 시대가 주는
절망을 견디면서 생기를 북돋울 수 있는
'기쁨의 실천'을 찾아내야 합니다."

조한혜정

연세대학교 명예교수이자 문화인류학자. 1948년 한국 출생. 연세대학교 사학과
를 졸업하고, 미주리주립대학교 콜롬비아에서 인류학 석사학위를, 캘리포니아
주립대학교 로스앤젤레스에서 인류학 박사학위를 받았다.

시대 흐름을 읽고 실천적 담론을 생산해온 학자로서 제도와 생활 세계가 만
나는 지점에서 문화 해석적 시대 탐구를 해왔다. 1980년대에는 '또 하나의 문화'
와 함께 창의적 공공지대를 만들어 여성주의적 공론의 장을 열어갔으며, 1990년
대에는 '하자센터'를 설립해 입시 교육에 묶인 청소년들이 벌이는 '반란'을 따라
가면서 대안교육의 장을 여는 데 참여했다. 2000년대부터는 신자유주의적 돌
풍에 휘말린 아이들과 청년들 걱정에 서울시 마을공동체위원회 위원장, 서울시
'대청마루'(범사회적 대화 기구)의 대표를 맡아 관민 협력의 장을 열어갔다. 최근에
는 공멸 위기에 처한 인류의 미래를 고민하면서 서울과 제주도, 동아시아와 유럽
에 걸쳐 새로운 학습 실험에 참여하고 있다.

지은 책으로 "당신은 지금 어떤 시간을 살아가고 있나요?"라고 질문하며 오
늘을 직시하도록 이끄는 《선망국의 시간》을 비롯해 《한국의 여성과 남성》《탈
식민지 시대의 글 읽기와 삶 읽기》(1~3권)《학교를 거부하는 아이, 아이를 거부
하는 사회》《성찰적 근대성과 페미니즘》《학교를 찾는 아이, 아이를 찾는 사회》
《다시 마을이다》《자공공》 등이 있고, 함께 지은 책으로 《탈분단 시대를 열며》
《처음 만나는 문화인류학》《가정에서 학교로, 학교에서 마을로》《노오력의 배
신》 등이 있다.

만남

2021년 6월 22일

제주

어쩌면 우리는 '생각의 문명' 속에서 행동해왔을 수 있다. 세력을 이룬 생각의 방식이 우리 모두를 움직이게 했는지도….

　　문화인류학자 조한혜정 교수는 수천년 문명을 지배해온 사냥꾼적인 사고방식에서 벗어나자 한다. 힘 있는 인간 순으로 더 마음껏 사용해도 된다 여겼기에 망가진 지구이고, 이제 멸종의 시간을 직시하며 함께 살길로 나서자고 제안한다. 긴 인류의 진화 시간 속에 오래도록 자리했던 그 시간을, 함께 아이를 키우고 서로를 보살피던 그 시간을 다시 구현하자고 요청한다. 지난 6월 22일 제주 표선면에 있는 선생의 시골 집에서 나눈 이야기다.

근대국가 체제를 놓지 못하는
국가의 무력함을 인지하자

20~30대는 분노하고 중년은 억울하고 노년은 비참하다 말하는
분이 많습니다. 저성장 시대 속 비애일까요?
참사의 시대였어도 전에는 성장하기 때문에 감수할 수 있었어요.
이제 내 몫으로 올 분배가 없겠다고 느끼니까 참기 힘들고 박탈감
에 시달립니다. 요즘 제 강의 화두가 '망가진 세상에서 책임을 지
고 산다는 것' '멸종의 시간에 책임을 지고 살아가는 것'이에요. 페
미니스트 생물학자 도나 해러웨이가 만든 문장이죠.

지금이 멸종의 시간인가요?
재러드 다이아몬드가 "50년 남았다"라고 했었나요? 1972년에 로
마클럽이 〈성장의 한계〉를 발표하면서 모두가 멸종의 시간을 받
아들이지 않나 싶습니다. 저도 《선망국의 시간》이라는 제목으로
책을 냈었고요. 제 딸이 그러더군요. 엄마는 다 살았으니까 그런
소리를 하는데 제발 아이 앞에서는 하지 말라고요. 사실, 아이들
은 몸으로 먼저 알고 있는 것 같아요. 아이들에게는 망가지는 세
상에서 살아남는 것이 기본값이 됐습니다. 그래서인지 다른 생명

에게서 위로를 받더라고요. 열 살인 제 손자도 오름에 다녀오다가 개가 줄에 묶여 헉헉대는 것을 보고 울며 들어왔어요. 가르쳐주지 않았는데 모든 생명체가 연결되어 있음을 아는 그 감수성을 아이들에게서 발견합니다. 인간은 예외적인 존재라서 다른 모든 생물체를 이용할 수 있다고 생각하는 우리 세대와는 다르죠.

제가 2012년에 윤리학자 피터 싱어를 만났을 때 우리 문명이 망할 것 같은지 물었어요. 피터 싱어는 인간 문명이 망하거나 말거나 관심이 없지만 그 시간에 가까워지면서 대재앙으로 죽어갈 수많은 생명을 생각하면 가슴 아프다고 답했습니다. 2014년부터 재러드 다이아몬드와 제러미 리프킨에게 우리 문명의 수명을 물어봤고요. 세상의 주도권을 가진 인간들을 향해서 변화하자고 제안하려 한 질문이었고, 다음 세대를 위해 했지만, 정작 어린 친구들을 제외시켰다는 생각이 드네요.
창창한 아이들 앞에서 "계속 망한다"라고 말하면 정말 폭력이죠. 그래서 '기쁨의 실천'이라든가 다른 표현으로 시대를 이야기하려고 애를 쓰는데 잘 안 되네요.

번영을 누려봤기에 나오는 부자의 한숨 소리 같은 걸까요?
계속 성장하고 '발전'하는 데 익숙한 세대라 적응이 안 돼요. 너무나 말이 안되는 일이 계속 벌어지니까 우울합니다. 이제 우리는

조한혜정

파상력을 키워야 하는데, 그 폐허를 직시할 힘이 없는 거죠.

문제를 보는 눈은
파상력을 통해 키울 수 있다

파상력은 무엇이죠?

망가지고 깨지는 것을 바라보는 마음의 힘이에요. 사회학자 김홍중 씨가 만든 단어입니다. 망가지는 상황을 직시하면서 나름의 생기를 만들어내는 힘이랄까요. 멋진 신세계를 꿈꾸며 개성과 창의성을 노래했던 세대로는 히피들이 마지막일 텐데요, 지금은 진보를 향한 열망과 희망이 깨져가는 시간이죠. 시대가 주는 절망을 견디면서 생기를 북돋울 수 있는 '기쁨의 실천'을 찾아내야 합니다.

어디서 어떻게 시작해야 할까요?

해러웨이의 책 제목이기도 한데 일단 우리가 아는 세상은 망했다는 것을 분명히 인지하고 "트러블과 함께하기Staying with the Trouble"라는 각오로 살아야 하죠. 내가 살아 있는 동안 해결될 일이 아닐 수도 있다는 것을 인정하는 거예요. 낸시 프레이저는 "낡은 것은 가고 새 것은 아직 오지 않은" 시간을 강조했고, 안토니오 그람시는 "낡은 것은 가고 새 것은 아직 오지 않은 공백 상태에서는 다양한 병적 증상이 출현한다"라고 했어요. 지그문트 바우만은 "왕은 죽고 새 왕은 아직 오지 않은 궐위의 시간"이라고 했고요. 분명한 것은 정치와 법, 가족과 문명에 대해 새로운 접근을 해야 하는 겁니다.

특히 국가라는 정치체가 무력하다는 것을 인지해야 해요. 뭔가 할수록 더 상황이 나빠지는 이유는 자신이 무력하다는 것을 인정하지 않으려 하기 때문입니다. 부동산은 만질수록 위험해지고 벤처들은 국가가 자격증 제도로 관리하려 들면서 고사하고 있어요. 쓰레기 분리수거를 하라고 하기 전에 분리수거가 안 되는 포장을 못 하게 하는 것이 국가의 역할이죠. 국가가 그 일을 안 하고 시민들한테 분리수거만 하라고 하니 시간 낭비하면서 죄의식에 시달리는 거예요. 1990년대에는 정부가 "산업화에는 늦었지만 정보화에는 앞서자" 하면 가장 뛰어난 인재들이 몰려가서 그 일을 했죠. 지금 그들은 시장에 있든지 어느 곳에도 소속되지 않고 살아남을 길을 찾아 궐위의 시간을 보내고 있습니다.

그래도 밑그림이나 제도 개선을 할 수 있는 조직력과 실천력은 국가에 있는 거 아닌가요?
조직력만 있어서 더 위험하죠. 파상력을 갖고 시스템을 새로 만들어가야 하는데 근대국가 체제를 놓지 못하고 있어요. 그러니 할수록 위험부담만 늘어나는 사태가 벌어집니다. 정권 교체 차원과는 다른 차원에서 문제를 보는 눈을 키워야 할 때입니다.

조한혜정

정부의 업무도 민간 위탁이라는 명목으로 입찰 선정하고 컨설팅 회사 선정하는 아웃소싱으로 사기업이 담당하는 차원입니다.

지금은 국가가 관리 체제로 책임 소재를 모면하면서 운영하죠. 전체적으로 새로운 일이 일어날 수 없는 구조입니다. 시민들이 잘할 수 있는 플랫폼을 만들자는 시도도 말만 있고요. 국가가 계속 발전할 때는 5개년 계획을 하고 성과를 냈지만, 이제는 시민들이 알아서 하도록 할 수밖에 없어요. 국가가 강력하던 시간이 끝나고 세계화 경제 속에서 한국이 선진국 대열에 들었습니다. 식민지를 겪은 나라로서는 대단한 성취죠. 일을 많이 하지 않아도 부동산이나 주식으로 돈이 벌리고, 값싼 물건이 쏟아지면서 무한정 소비가 가능해졌어요. 이 상태가 행복하다고 느끼는 국민들이 늘어났고요. '시민사회'는 고립될 수밖에 없죠. 포스트모던, 포스트 콜로니얼, 포스트 휴먼의 과정을 제대로 거쳐야 할 시점입니다.

인간 중심적 사고가 가져오는
지구의 파괴

하나씩 설명해주시겠어요?

포스트모던은 근대의 핵심인 완벽한 인간관, 그리고 물질 성장으로 진보를 보는 역사관을 해체하려는 경향이에요. '대서사도 없고 절대 진리도 없다. 모방할 진리가 없으니, 우리는 패스티시pastiche

라는 혼성 모방을 할 뿐인 그런 시대를 살아가고 있다'는 거죠. 그러니까 파상의 시대를 살아간다는 점을 인정하자는 사상입니다. 근대를 주도했던 대서사, 진리 서사가 얼마나 허망한 것인지를 알아가면서 소서사를 쓰기 시작합니다. 분열적인 자아와 이제 마주하자는 거예요. 서구인들이 만들어낸 근대 자본주의가 망했다는 것을 인정하는 자세입니다.

포스트 콜로니얼(탈식민주의)은 서구라는 중심을 해체하고 구체적인 지역에서 시작하는 움직임을 말해요. 서양을 기준으로 생각하던 상태를 벗어나는 과정입니다. 우리는 서양 텍스트를 가지고 문명을 배웠고 서양을 따라가야 할 대상이라고 생각했죠. 에드워드 사이드 같은 학자들이 여러 개의 중심을 말하면서 자신의 로컬을 강조했는데요, 저도 1992년에 《탈식민지 시대 지식인의 글 읽기와 삶 읽기》라는 책에서 그 이야기를 했어요. 저는 어릴 때 세종문화회관에서 현대무용가 호세 리몽의 공연을 보기도 했고, 학창 시절에 신촌을 오가며 근대적인 도시를 경험했습니다. 그러다 미국 중서부에 있는 대학으로 유학을 갔는데, 그 동네가 왜 그렇게 촌스럽게 느껴지던지요.

서구의 선진 문화가 없는 미국 시골이죠.
우리가 항상 후진국이라고 생각했는데, 가보니까 다른 거예요. 사이드나 저나 코즈모폴리턴(세계인)으로 성장했기에 격차를 느낀

조한혜정

겁니다. 비동시성의 동시성이 있는 거죠.

에드워드 사이드는 어린 시절 카이로에서 베를린 필하모닉의 연주를 보며 자랐다고 하더군요.

제가 박사학위를 받고 왔을 때 사람들이 저에게 "미국 물을 먹으셨네요"라고 말했어요. 저는 '예전부터 이랬는데 왜 그러지' 의아했죠. 이런 경험 속에서 서양 중심으로 사유하지 말고 구체적인 우리 현실을 보자고 강조한 겁니다. 포스트 콜로니얼은 쉽게 말해 헛소리하지 말자예요. '거대 이론에서 벗어나자, 정답이 있다고 생각하는데 세상에 정답은 없다, 답은 우리가 함께 의논하면서 찾는 것이다, 그 답도 잠정적인 결론일 뿐 절대적인 진리는 없다.' 우리의 사고가 서구 식민지일 때는 절대적인 진리가 있다고 생각하고 항상 뭔가를 하면 불안해서 저쪽에서 증거를 찾고 정보를 찾았어요. 그러나 실제 그런 답은 저쪽에 없습니다. 그쪽은 그쪽 나름대로 의논하면서 체계를 만든 거예요. 프로이트 같은 사람들도 자기들의 학문 공동체가 있었습니다. 우리는 우리 고민을 나누는 학문 공동체를 만들어 자생적인 이론을 내고, 구체적인 현장을 관찰하고 실험해야 하죠. 그 속에서 문화와 체계를 바꿔가야 합니다.

그런데 여전히 거대한 틀을 상정하고 지금 동양의 패권을 이야기하는 기성 체제를 보면 절망감이 몰려옵니다. 그렇다면 근대 자본주의 체제를 벗어나면 되나? 저는 아니라고 생각해요. 그래서 요즘 포스트 휴먼에 대해 더 많이 생각합니다. 인간이 중심이라는 사고에서 지금의 성장 구조가 만들어졌어요. 결국 지구를 망쳐버렸죠. 이 구조를 확실하게 변화시키는 방향이 포스트 휴먼이에요. 도나 해러웨이는 "망가진 행성에서 책임을 지고 살아간다"라는 표현으로 응답한 거죠. 책임을 지고 살아간다는 말이 저는 마음에 들어요.

사냥꾼 중심의 문화가 아닌
'포스트 남성 휴먼'으로

저지른 자로서의 책임인가요?

그보다 책임을 지닌 인간으로 산다는 의미에 가깝다고 봅니다. 지금은 우리 모두가 권리를 가진 인간만 생각합니다. 그래서 싸우는 거예요. 우리는 권리를 가진 인간이자 보살핌을 하는 인간이에요. 모두가 책임을 갖죠. 세상을 망가트린 존재로 내가 이를 바로잡겠다는 것도 굉장히 교만한 이야기거든요. 사실 나 혼자 지구를 책임질 수 없잖아요. 그리고 저는 보살핌으로 인간다운 책임을 행한다는 차원에서 '포스트 휴먼'을 '포스트 남성 휴먼'이라고 이야기하는데요, 인간 문명 전체를 보면 보살피는 역할을 여성에게만 떠넘기고 위계 중심으로 달려온 '남성 중심, 사냥꾼 중심의 문화'입니다. '포스트 남성 휴먼'은 이를 전환하자는 거예요.

조한혜정

포스트 남성 휴먼, 탈남성인간이라는 말에서 지금까지 이어져온 우리 문명 속에서 공적 능력을 갖춘 남성만이 사회적 인간으로 인정받았다는 사실을 되새겨봅니다.

근대로부터 벗어나는 포스트모던을 이야기한다면, 모던의 시작을 길게 봐도 15세기 영국부터이니까 500~600년 정도죠. 하지만 포스트 휴먼은 인간이 생긴 때부터이니까 5만 년입니다. 저는 그 시간 안에 모두가 서로를 보살피며 살았던 시점이 있었다고 생각합니다. 그때의 삶을 앞으로 가져갈 사회의 방향으로 삼자는 거죠. 1만 년 전부터 물질이 축적되면서 문명이 만들어졌어요. 전쟁이 끊이지 않았고, 세습 사회를 형성했습니다. 그전에는 세련된 종교도 없고 모든 사람이 애니미즘을 믿는 정령신앙이 있었어요. 그 시대가 인간 너머와도 교감하던 포스트 휴먼이죠.

모든 생명을 존중하는 건가요? 오늘날의 부와 지위는 매우 정교하게 세분화되어 세습되는 한층 단단한 계급사회로 느껴집니다.

신분제가 생기기 전, 노예가 생기기 전에 여성과 남성이 아이를 돌보고 소통하고 상생하는 그 영역이 죽지 않았던 시점, 그 사회를 상상할 수 있어야 합니다. 사냥꾼이 정복하고 상대를 죽이지 않으면 내가 죽는다는 식으로 움직여온 세상을 그대로 둔 상태에서는 기본소득을 주든 복지를 늘리든 해법이 없어요. 계속 종속된 상태이기에 치유할 수 없습니다. 아이가 태어나 3년 동안은 굉장히 의존적이죠. 엄마와 엄마의 친정 엄마나 그 자매들이 돌보잖아요. 부부 중심 핵가족은 그야말로 최근에 나왔습니다. 초기 수렵채취 사회에서는 공동 돌봄이 있었다고 해요. 부부 중심으로 사냥에 나가는 것이 더 좋으면 다른 사람들이 공동육아를 하는 제도요. 지금은 부부 중심 핵가족만 남은 상태입니다. 마지막 제도가 가장 배타적인, 가장 작은 가족제도인 거죠. 그러면서 시장에는 가장 유리한 제도이고요.

구매하는 소비 단위로뿐만 아니라 그 이전 노동력 사용에서부터 매우 유리하죠.
누구든 잘하는 사람한테 돈을 주겠다는 임금 체제가 생기면서 여자들도 다 나왔죠. 그래서 여자도 사냥꾼적인 존재가 됐어요. 저는 그 존재를 원형으로 회복하자는 겁니다. 우리는 모두 돌봄을 받고 자랐습니다. 그런데 이제 아이를 낳고 돌보지 않는다면 더 이상 인류가 아니라고 생각해요. 우리는 무력하게 태어나서 사랑받기 위해 애교를 부리면서 3년 내지 7년 동안 길러졌고, 그러면서 인간으로 자라났습니다.

그 시간 속에서 소통하는 능력, 보살피는 능력을 배우게 되죠.
돌봄이 사회의 중심이었던 당시의 영역을 회복하는 거예요. 가물어 기우제를 지내야 한다든가 맹수가 있다든가, 외부에서 쳐들어

조한혜정

오는 족속들이 있을 때 방어해야 하니까 남자들이 주로 집을 지었어요. 그 개별 가족을 넘어선 관리 영역이 공적 영역인데, 지금은 그 공적 영역이 엄청나게 비대해지면서 가족은 부부 중심 핵가족으로 됐습니다. 지금은 그마저도 깨지고 있고요.

돌봄에 대해 국가에 요구하는 부분이 커졌습니다. 여성계에서 더 앞장섰고요.

사냥꾼으로 사유하는 방식에서 나올 수 있는 요구예요. 제 아들이 5학년 때 환경 공부를 하다가 "엄마는 이런 세상에서 어떻게 애를 낳 생각을 했어요?" 하더라고요. 너무 당황해서 "이렇게 나빠질지 몰랐지" 그랬어요. 페놀 방출로 물고기가 떼죽임당하던 때예요. 생각하는 청년들은 지금 이런 세상에서 아이를 낳을 수 없다고 결정합니다. 자발적 멸종주의자들이 생기고 있죠. 한편에서는 국가나 가족이라는 사유 체계에서 "국가가 책임져라"라고 요구하고요. 결혼을 안 하거나 아이를 안 낳는 사람들은 그 요구를 너무 싫어해요. '인간은 자발적 존재인데 자기가 낳고 왜 국가에게 떠넘기냐'고요. 그러면 '아이들은 나중에 세금을 낼 존재다'라는 끝없는 논쟁이 이어집니다.

하지만 아이의 안녕을 총체적으로 생각할 때 지금은 아이를 안 낳는 것이 지혜로울 수 있습니다. 멸종의 시간이면 멸종의 시간을 직시하는 거예요. 거기서부터 해법을 찾는 겁니다. 계속 국가가

잘 간다고 상정하고 가족이 건재하다고 상정했을 때 찾는 해법과
는 달라집니다.

내 안에서부터 해법을 찾아야 하는 건가요? 기존에 말하는 각자
도생과는 결이 다른가요?

다르죠. 저도 열심히 글을 썼잖아요. 이렇게 하면 세상이 좋아질
거고 그럼 우리 아이들도 행복해질 거다 하면서요. 하지만 아이와
세심하게 기쁨을 나누는 순간은 많지 않았어요. 아이한테 좋을 거
라면서 여행도 갔지만 아이한테 물어본 적이 별로 없었습니다. 계
속 붕 떠서 살아온 거 같아요. 발전주의 신화에 빠져서, 국가 신화
에 빠져서요. 윤가은 감독의 영화 〈우리집〉에서 열두 살 둘째 딸
이 계속 "밥 먹자"라고 합니다. 그러면서 가정을 살려내는데 정말
마음에 와닿더라고요. 같이 밥 차려 먹고 서로의 존재를 축복하는
시간을 생략해서는 안 되죠. 이제는 냉철한 눈으로 가상의 시대를
보려는데 쉽지가 않아요. 그렇다고 금방 해법이 나오길 기대하는
자체도 개발주의적인 발상이라고 보고요.

해법이 있을 거라는 전제, 돌파할 수 있다는 목적 자체가 성장주
의적인 관점이라는 거죠?

'지금 너는 제대로 숨 쉬고 있어? 네 아이와 잘 지내고자 뭘 어떻게
하고 있어?' 구체적으로 묻는 게 필요해요. 자기 상태를 직시하려

조한혜정

는 청년들이 많이 생기고 있습니다. 그 흐름에 주목해야 해요. 국가는 물론 돈을 갖고 있으므로 무시할 수가 없죠. 그렇지만 국가가 능력이 있다고 믿기보다 우리 삶의 진짜 안녕을 우리가 궁리하고 방법을 찾아서 그 길에서 국가까지 움직이도록 하는 거예요.

국가의 시작점, 시장의 시작점도 유권자인 나이고 소비자인 나라고 생각합니다.
그러기에는 이미 시장이 우리를 너무 많이 잡아먹었어요. 시장이 비대해졌고, 물건도 싸니까 끊임없이 쓰레기를 만들고, 이런 흐름 속에서 '소비자니까 힘이 있다'는 차원은 약해졌다고 봐요. 그냥 인간다움에서 멀어진 신자유주의 생물체이자 어떤 면에서는 기계 비슷하게 된 나의 존재가 도대체 무엇이냐 거기서부터 시작하는 겁니다.

저는 그래도 '세상 변화의 시작은 개인이다. 개인에게 힘이 있다'라는 말을 계속해오고자 했는데요.
개인이 하나의 개체이고 자기 결정권을 가진 개체라는 것이 페미니즘과 모든 운동의 핵심인데요, 그 개체가 사실은 상호의존적인 관계예요. 그 관계를 끊은 개인은 얼마나 약합니까. 목청 높이고 분노하지만, 고꾸라지는 존재가 되어버렸어요. 그 존재를 어떻게 상호 돌볼 수 있는 존재로 만들 것인가에 집중해야죠.

관계 속에 있을 수밖에 없기에 개인의 각성은 언젠가 전체를 출렁이게 하는 힘이 있다고 생각했습니다. 타인의 지원 속에 존재하는 '나'를 깨닫고 서로 관계 맺어 나아가기를 바라서요. 상호 돌볼 수 있는 존재로 나아가자고 하신 말씀이 와닿습니다. 적극적인 힘이 느껴져요. 관계 맺고 있는 상태가 나아갈 방향을 알려주신 것 같아요.

개인의 집합화가 광화문에 나가는 그런 행렬을 넘어서서 정말 다시 아이를 낳고 같이 돌보고 약한 사람을 돌보는 돌봄이라는 행위, 상호 공존하는 감각을 회복한 집합으로 가는 것이 필요합니다. 지금 돌봄 쪽 논의들은 돌보는 사람이 돌봄을 받는 사람의 위치를 위계화시키는데, 사냥꾼적이라고 봐요. 돌봄은 나도 죽을 것 같은데 아픈 사람이 있을 때 그 사람을 돌봄으로써 내가 낫는 거예요. 상호 치유이고, 상호가 객체이자 주체죠. 남성적인 위계 사냥꾼의 원리에서는 내가 상대보다 세야 하고, '너는 지금 내 명령에 복종해야 돼' 하는 지배가 핵심이죠. 그런 인식 속에서는 돌봄도 '오! 너 약해? 그러면 내가 돌봐줄게' 이런 방향으로 갑니다. 아직 다수의 여자들은 '어휴 가슴 아프겠다' 공감하며 일부러라도 위로할 거리를 찾잖아요. 회사에서 그렇게 하면 '쟤 무슨 헛소리야, 짤라' 이러겠죠. 실제로 삶은 공감과 위로가 핵심입니다.

사냥꾼이라는 말에는 동감이 많이 될 것 같은데 사냥꾼 남성이라

조한혜정

고 하면 남성과 여성을 보살핌의 범주로 이야기한다 해도 여성이 더 고등하다는 것인가라는 반감이 나올 수 있는데요.

남성성, 여성성은 여자가 아기를 낳는 것과 관련해서 생길 수밖에 없는 하나의 원리잖아요. 여자아이들은 계속 엄마 옆에 있으면서 여자로 자랍니다. 남자들은 우리나라만 해도 남녀칠세부동석이라고 여섯 살까지는 엄마랑 안채에서 돌봄을 받고 수다도 떨면서 잘 살다가 일곱 살이 되면 할아버지가 있는 사랑채로 가죠. 분리 불안을 느끼며 할아버지를 통해 남성이 되는 법을 배웁니다. 인류학적으로 보면 그때 성년식이 주로 일어나요. 소년은 안 떨어지려 하고 엄마도 안 보내려 하는데, 외삼촌들이 가면을 쓰고 여섯 살, 일곱 살 되는 아이를 데려갑니다. 연극적이죠.

보통 아메리칸 인디언들 경우가 열 살 전후에 혼자 야생에서 며칠 있다 오는 의식을 치릅니다.

그거죠. 여자들은 지속해서 돌봄의 존재로 키워지고, 남자들은 공적 영역을 계속 확장해갑니다. 여자들은 아이를 돌보고 서로 위로하고 누가 다치면 다 같이 울며 치유하는 데 비해 남성들은 남성 중심 사회를 만들어가요.

원숭이들을 관찰해보면 제일 혁신적인 활동을 보이는 나이가 소년기예요. 일본에서 원숭이에게 감자를 주고 관찰했는데, 감자를 바닷물에 씻어 먹은 소년기의 원숭이가 맛있다는 것을 발견하고 그걸 동료에게 전하더래요. 그러자 소녀들이 따라 하고 엄마가 따라 하고 여자 어른들이 따라 하고. 남자 어른들이 제일 따라 하지 않으려 했답니다. 소년들이 제일 많이 놀거든요. 젖을 물리거나 일상 이야기를 하지 않으니까 시간 활용이 다르죠. 여자들은 계속 관계를 맺어가고 남자들은 공적 영역을 만들어가면서 점점 배타적이 되어왔어요. 사회는 우두머리의 명령을 따르고 다양성을 무시하는 전쟁을 치르는 위계 사회로 발전해왔습니다.

문명 전체를 보지 않으면 지금 새로운 방식을 이야기할 수 없습니다. 이른바 문명이라고 이야기했던 그 문명이 정말 그렇게 자랑스러웠던 건가? 4대 문명의 발상지가 그렇게 우리가 외워야 했던 걸까? 지금은 그런 질문을 해야 하는 때예요. 3천 년 혹은 5천 년 사냥꾼의 문명을 넘어서는 근본적인 대책을 찾기 위해서요. 페미니즘에서도 초기 1970~1980년대에는 남녀가 같이 아이를 키우는 방향으로 보살핌을 강조하는 흐름이 강했어요. 후반으로 넘어오면서 권리 운동으로 개별적인 행복을 추구했죠. '우리 남편은 부엌에서 같이 요리해' 이런 가족 위주의 아주 작은 체제에서 여자들이 열심히 노력했는데 그러면서 오히려 신자유주의에 포섭됐습니다.

신자유주의의 특징은 이윤을 극대화시키는 효율인데, 가족이 부부 중심으로 집중되면서 돈벌이와 소비에 최적화됐다는 건가요?

조한혜정

저는 보살핌으로 인간다운 책임을 행한다는
차원에서 '포스트 휴먼'을 '포스트 남성
휴먼'이라고 이야기하는데요, 인간 문명
전체를 보면 보살피는 역할을 여성에게만
떠넘기고 위계 중심으로 달려온 '남성 중심,
사냥꾼 중심의 문화'입니다. '포스트 남성
휴먼'은 이를 전환하자는 거예요.

가족이 신자유주의를 더욱 공고하게 하는 단위가 된 거죠. 가족 자체가 엥겔스가 말한 사유재산을 지키는 단위로 단단히 굳어졌습니다. 사유재산을 불리고 상속하면 내 인생이 나름 충족된다는 착각을 합니다. 남자라고 해서 다 사냥꾼이 아니에요. 이제 사냥꾼이 될 수도 없고요. 남자가 돈벌이를 하고 여자가 가정주부로 있을 때나 사냥꾼 권력을 누렸죠. 2등 성이었던 여성이 정규 교육을 받았는데 어떻게 부수적인 위치로 만족하겠어요. 지금 모두가 돈만 생각하고 물질이면 다 된다는 생각을 합니다.

코로나19 방역에 성공하면서 더욱 선진국이라는 자부심이 커졌는데요, 포스트 콜로니얼이라는 인식이 자리 잡혔다고 생각하는지요?
이미 선진국이었죠. 이제야 후진국 콤플렉스를 벗어났고요. 오히려 다른 식의 내셔널리즘, 콤플렉스가 아닌 우월주의로 가고 있어요. 청년들이 일본과 싸우는 것도 사냥꾼 방식입니다. 내가 더 세야 하고 다른 말로 하면 경쟁과 적대와 혐오의 질서로 가는 거죠. 문명의 흐름에 사유가 같이 가야 하는데, 한쪽은 진화해서 인공지능을 만드는 데까지 갔어요. 그런데 인간 관계에서는 나아가지 못했습니다. 한국 여성운동에서도 임금이나 공적 영역 속 권리만 이야기해왔습니다. 돌봄 영역도 진화시켜야 했는데 거의 못 한 거죠.

조한혜정

사람을 도구화하지 않는
열린 사회로의 전환

대선 시국인데요, 토론할 수 있고 필요한 정책을 결정할 수 있는 귀한 공간이라고 생각합니다. 어떻게 만들어가야 할까요?

투표로 길을 모색하는 데는 한계가 있습니다. 권리의 차원에서 좀 더 권리를 가지면 세상이 나아질 거라는 착각은 안 했으면 좋겠어요. 제가 마을을 이야기하는 것도 스스럼없이 자주 만나면서 서로 돕는 사회를 만들자는 겁니다. 아이들과 여타 생명체와 인공지능과도 함께 제대로 살아갈 방법을 찾자는 거예요. 그런 안정된 삶의 장에서 여유로운 마음, 친구가 되는 마음, 겸손한 마음이 커갈 때 모욕감이 가득한 정치를 넘어 서로를 돌보는 정치를 시작할 수 있을 테죠.

그러면 각자 무엇을 염두에 두고 모색해야 할까요?

대전환의 하나는 물적 조건의 혁명입니다. 공유는 굉장히 혁명적이에요. 사유재산이 자본주의의 핵심이니까요. 토마 피케티가 일시적 소유를 이야기했는데 저는 그 개념이 좋아요. 청년들한테 그냥 10년 살라고 빈집도 내주는 일이 자연스러워지는 소유 개념의 변화가 필요합니다. 동시에 인류 사회를 재구성하는 차원으로 모계사회 원리와 부계 사회 원리를 통합하는 논의를 시작하는 겁니다. 비교해보면 두 사회의 원리가 판이하게 다르다는 것을 알 수 있어요. 부계 사회는 부계 혈통을 잇기 위해 여성을 소유하고 위계를 지키려 하니까 배타적입니다. 혈통을 강조하는 순혈주의가 생겼죠. 배타적인 분배 양식인데, 모계사회의 분배 양식은 공유적이에요. 지금부터 성별을 넘어서는 통합을 해나가도록 연구하고 논의하면 좋겠습니다.

이런 맥락에서 보면 '여자도 군대 가라'는 논쟁에 대한 답이 나올 수 있다고 봐요. 군대 체제를 바꾸는 차원을 넘어 돌봄 사회를 만드는 사회 복무제에 대한 논의를 시작하는 겁니다. 외부의 적 못지않게 돌봄 파탄으로 사회가 망가지고 있습니다. 빨리 시작해야 해요. 태어나는 아이들을 부모만이 아니라 사회가 함께 키우고, 병들고 죽어가는 국민을 다 함께 돌보는 거죠. 특정 시기에 국민이 다 최소한의 돌봄 능력을 가지도록 훈련 받는 사회 복무제에 참여하는 겁니다. 국가의 능력은 바로 이런 발상을 할 수 있는지 아닌지에 달려 있어요. 기본소득제도 역시 생산과 재생산, 상호 돌봄 차원에서 제대로 논의하고 시행해야 하고요.

결국은 내 존재를 전환하는 시간을 갖는 것이 핵심입니다. 제가 요새 작은 것에서 희망을 발견하며 '기쁨의 실천'을 하자고 합니다. 나무 심으러 같이 가서 밥 해먹으며 따듯해지고 풍성해지는 그 모습을 사회적 모성, 사회적 영성이라는 단어로 연결하고 있어요. 그동안 이를 무시하고 세속적·합리적 인간으로 살아왔던 나라

조한혜정

는 존재가 얼마나 편협했나 생각합니다.

일단 우리가 느슨해질 수 있어야겠네요.

한국 사회를 자궁 가족이라고 이야기하잖아요. 자기 자궁에서 난 아이를 어떻게든 잘 살게 하려 하고요. 그걸 또 시집 체계에서 하니까 아이의 점수가 엄마의 점수가 되면서 아이들을 도구화합니다. 사람을 도구화하지 않는 사회로 전환해야 해요. 요즘은 사람들이 도구화되는 것에 대해 엄청난 거부감을 갖고 있어요. 눈에 두드러지지는 않지만 큰 변화는 있다고 봅니다. 저는 그 속에서 나올 변화에 기대를 겁니다.

예를 들어주시죠. 경험하지 않거나 정보가 없으면 상상하기 어려워서요.

여든 살이 넘어가면서 밥맛도 없어지고 무기력해지셨던 할머니가 계세요. 그때 딸네 집으로 옮기셨는데, 딸이 협동조합 주택에 삽니다. 여러 세대가 늘 어울리며 지내는 생활이죠. 그렇게 지내시더니 할머니가 활력을 얻었어요. 행복해하십니다. '아, 사람은 정말 사회적인 존재구나' 그걸 확인했죠. 세심하게 살피면서 잘 모여서 살 때 미처 생각하지 못했던 변화를 경험하더라고요.

레이지 버드Lazy Bird라는 게스트 하우스를 하는 분도 있어요. 40대 중반 여성이에요. 열심히 문화 기획 일을 하다가 특별한 조건을 내건 게스트 하우스를 열었습니다. 혼자 오는 여성이어야 하고 일주일을 묵어야 하는 곳입니다.

60대 여성분은 자식을 다 키우고 처음 홀로 여행했는데 자신을 새롭게 만났다며 눈물을 흘렸어요. 아무 프로그램이 없는데 일주일 뒤 떠날 때 사람들이 오히려 새로운 여정으로 들어간다고 말합니다. 치열히 산 만큼 극도로 사냥꾼적인 형태로 가버린 몸을 순환시켜 나에게서 거의 사라지려던 것들을 불러내 상생의 에너지로 통합한 거죠. 대단한 기획이라고 생각해요. 시장의 눈으로 보면 특별한 상품일 수도 있지만 저는 혼자 생각할 수 있는 시간과 힘을 준다고 봐요. 이들의 방법이 세상을 바꾸는 도구가 될 수 있다고요. 이런 곳이 많아졌을 때 또 다른 벤처가 만들어질 거예요.

아! 세상 속 여러 관계를 회복시키는 벤처들요?
그렇죠. 며칠 전에 아들한테 "우리 협동조합 주택이 하자 보수 때문에 완전 재난터야" 했더니 "그렇게 말하지 말고 테슬라야"라고 하래요. 무슨 소리냐 했더니, 테슬라가 자동차를 처음 만들었을 때 엉망이었다 합니다. 문짝도 떨어지고 그래서 전문가들을 대거 투입해 완성했다고요. "중요한 건 아이디어다!"라고 하더군요. 요즘 세대는 그렇게 생각하는 거예요. 이건 재난이야라고 이야기하는 나 자신이 다른 세대와 만나 이야기하면서 다른 사고를 할 수 있잖아요.

조한혜정

제가 협동조합 주택에 들어가는 이유도 다른 세대와 섞일 수 있어서예요. 지금 공동육아를 하는 사람들이 협동조합 주택에 살기는 해요. 그런데 그 가족 프레임이 안 깨지는 겁니다. 핵가족 중심 사고가 깨지지 않는 한 다른 사고가 자리하기 힘들어요. 가족이 사회로 열려 있어야 가능합니다. 옛날 아이들이 건강했던 이유는 친족이 많았기 때문이라고 생각하는데요, 아빠는 딱히 마음에 안 들어도 옆에 다른 어른들이 있죠.

저 어렸을 때 이모와 같이 살았는데, 엄마 화나면 이모 퇴근 시간만 기다렸어요.
서울시에서 지원하는 아빠랑 아이가 함께 가는 캠프가 있었어요. 보통 5학년 정도 되면 사춘기에 접어드는데, 집집이 다 아빠랑 싸운다는 거예요. 그래서 아빠들이 캠프라도 한번 가자 하고 데려갔는데, 아이들이 다 남의 아빠한테 자기 아빠를 홍보하며 무지무지 행복해하더랍니다.

맞아요. 남의 아빠는 삼촌이죠.
그 삼촌이 사라진 사회예요. 옛날에 대가족이 좋은 점이 엄마 아빠가 횡포를 휘두르기 어렵다는 겁니다. 사회는 3명 이상이 이야기해야 만들어지거든요. 타인을 받아들일 때 관계를 살릴 수 있어요. 그래서 제가 혈연가족이 아닌 비혈연 친족을 만들자고 합니다. 가족이 열리고 이웃과 더 큰 가족으로 나갈 수 있도록요. 우리가 지혜롭고 현명하면 가족 해체가 공포스럽지 않아요. 돈을 많이 벌어야 하고, 8학군에 넣어야 하는 식의 집착과 공포에서 아이들도 괴롭고 관계도 죽습니다. 실제로 아이들한테 필요한 건 삼촌이니까요.

저도 이 시골집을 우리 손자와 또래 들이 아지트처럼 모여서 작당하는 나무늘보도서관으로 만들었는데요, 코로나19로 학교에 못 가는 동네 대학생이 있어서 초대했어요. 남학생 여학생인데, 열 살 또래 아이들이 형한테는 어머니라고 별명을 짓고 누나한테는 아버지라고 별명을 지어주며 잘 따르고 있습니다. 아이들은 형하고 누나가 좋은 거예요. 제 주위에 창고로 쓰던 다락방을 치워서 동네 아이들 아지트로 도서관을 만든 친구도 있습니다.

마을마다 세대가 어울리는 놀이터가 다양하게 생기네요.
저는 그런 방향으로 가면서 정치 이야기가 새로 나오면 좋겠습니다. 사소한 정책부터 글로벌 정치까지 다 이야기할 수 있는 새로운 판이 만들어지도록요. 안전한 공간이 많이 만들어져야 다양한 정치가 밑에서부터 올라올 수 있다고 봅니다.

코로나19가 터졌을 때 서울시 노원구에서 사람들이 모여 마스크를 만들고 이웃과 나누는 모습을 뉴스에서 봤습니다. 시간 날 때

　　　　　　　　　　　　　　　조한혜정

마다 남자고 여자고 직장인이고 함께했는데요, 그 동네에 전에도 뭔가 어울리는 일이 있었으니까 동네 사람들이 스스럼없이 그 공간에 오지 않았나 싶었어요. 관계가 갖는 힘이라 생각했습니다. 그리고 감수성이 있는 사람들이 재난 상황에 모인 거죠. 그걸 재난 유토피아라고 하잖아요. 저는 이 재난 유토피아에서도 희망을 봅니다. 재난이 닥치자 자율적으로 함께 살길을 마련하는데 전에 없던 평화와 평등이 그 연대 속에서 펼쳐집니다.

아드레날린이 뿜어져 나오잖아요. 함께 살아남자고요.
그 지점이 우리가 집중해야 할 곳입니다.

코로나19 상황 속에서 우리가 가져가야 할 가치는 무엇일까요? 잘못 가면 백신 전쟁이 될 수 있어요. 정말 다 멸종할 것이냐, 다음 세대로 갈 것이냐. 세계로 시야를 확장하고, 그러면서 긴 인류 진화의 흐름 속에서 지그시 현실을 바라보면 좋겠습니다. 지금은 새벽이 오는 시간입니다. 재난 유토피아를 만들 수 있는 지점을 찾는 단계예요. 소중한 관계를 만들어서 서로 연결되는 안전망을 이루는 것이 관건이죠. 보살핌으로 연결되지 않을 때 혐오만 살아남습니다. 우리 안에 있는 돌봄의 힘을 길러냅시다.

우리 안에는
돌봄의 힘이 있다

캘리포니아주 새크라멘토에는 터브먼 하우스Tubman House라는 비영리 재단이 있다. '이제 마을이 아이를 지킨다'를 모토로 2003년 1월에 문을 열었다. 18~21세 홈리스 부모들을 위한 집이다. 산후조리를 해주고 육아법을 알려주며, 좋은 부모가 되도록 안내한다. 대부분 10대 엄마를 위한 공간이 일반적인 데 반해 터브먼 하우스에서는 어린 아빠들에게도 기회를 주고자, 무엇보다 아이에게 안정적인 가족을 만들어주고자 함께 살도록 한다. 어린 부모들은 아이와 함께 지내며 자연과 예술에 다가가고, 못 마친 공부를 이어간다. 고등학교를 중퇴한 어린 부모들 가운데 80퍼센트가 학력 인증을 받고 자립했고, 그중 반은 대학에 진학했다. 75퍼센트는 빚을 갚고, 밀린 벌금을 냈으며 신용도를 회복한 뒤 터브먼 하우스를 떠났다. 75퍼센트가 터브먼 하우스에 1년 6개월 살면서 1천 달러 이상을 저축했다. 사회로 나간 후 93퍼센트는 홈리스 생활로 돌아가지 않았다.

터브먼 하우스는 교사였던 브리짓 알렉산더와 블리스 레이니스가 만들었다. 이들은 세 쌍둥이의 엄마들로 레즈비언 부부다.

조한혜정

어린 부모들이 기본적인 지원만 받으면, 그 어떤 넉넉한 가정에서 자란 청년 못지않게 살 수 있음을 증명해냈다. 2017년, 홈리스 퀴어 청소년을 위한 셰어하우스인 오드리스 도어웨이Audre's Doorway 까지 열었다.

경기대학교 범죄심리학과 이수정 교수는 유인경과의 인터뷰에서 현재 사회문제로 대두되는 아동 학대의 원인을 IMF 시절로 거슬러 올라가 찾았다. 대규모 구조 조정과 파산 속에서 가정이 해체된 아이들이 거리에서 삶을 꾸렸고 이제 부모가 됐으며, 어린 시절 부모의 보살핌을 경험하지 못한 그들 중에서 아이를 방치하거나 학대하는 부모가 계속 나오고 있다는 것이다.

참사가 경제 위기로 몰아칠 때야 정부는 대책을 수립한다. 그 대책도 경제에 집중할 뿐이다. 그 속에서 미래의 참사가 움터 오른다. 돌봄을 회복하자는 조한혜정 교수의 말이 단지 의미 있는 삶을 누리자는 조언이 아님을 온몸으로 느낄 수 있다. 내일의 아이들이 지금도 경계 밖으로 밀려나고 있다.

사티시 쿠마르

우리는 어떻게 위기의 시대를
살아갈 수 있는가

"아름다운 지구에 만족하며 행복하게
사는 법을 배워야 합니다. 만족하고
행복하고 당신이 가지고 있는 이 멋진
행성을 즐기고, 소중히 여기세요."

사티시 쿠마르　Satish Kumar

인도 출신의 국제적인 평화운동가이자 환경 운동가, 교육자로 '녹색운동의 성자'
로 불린다. 1936년생.

사티시 쿠마르는 아홉 살 때 아힘사(생물을 해치지 않음) 원칙에 철저한 자이나
교에 출가했다. 모든 친지와 접촉을 끊고, 세속을 멀리한 채 9년 동안 자이나교
스님으로 탁발하며 인도 전역을 걷는 수행을 했다. 18세 때 더 적극적으로 현실
에 참여하고자 환속했고, 독립한 인도에서 간디의 뜻을 이루기 위해 토지개혁 운
동에 앞장섰다. 수천 명의 사람들과 함께 걸어 다니면서 불가촉천민들에게 땅을
나눠주도록 부유한 지주들을 설득했다. 400만에이커 땅을 가난한 천민들이 함
께 경작하고, 공동 교육체계를 갖추도록 만들었다. 그리고 몇 해 뒤 인도에서 시
작해 모스크바, 런던, 파리, 워싱턴DC로 이어지는 8천마일 세계평화순례를 이끌
며 반핵운동을 확산시켰다.

사티시 쿠마르는 1973년부터 영국에 자리 잡으며, 생태적 사고와 전통문화,
그리고 자연의 지혜를 탐색하는 격월간 잡지 《리서전스(Resurgence)》의 편집장
으로 30여 년간 서구 지식인 사회의 인식을 전환시키는 데 앞장서왔다. 1991년
에는 동지이자 스승인 에른스트 프리드리히 슈마허의 영향을 받아 세계적인 생
태 사상 연구 교육기관인 '슈마허대학'을 존 레인, 모리스 애시와 함께 설립했다.
개교부터 2010년까지 프로그램 총책임자를 지냈고, 슈마허대학을 국제적인 생
태센터로 성장시켰다. 지금도 강사로 참여하는데, 그의 강의를 듣고 감동을 받
아 눈물을 흘렸다는 학생들을 슈마허 교정에서 자주 만날 수 있다. 또한 그는 환
경 운동가로 '향후 50년을 위한 글로벌 어젠다' 제정을 주도했으며, 국제사회에
서 환경 교육의 장을 연 인물로 손꼽힌다. BBC 방송은 사티시 쿠마르를 중심으로
〈지구 순례자〉라는 다큐멘터리를 제작하기도 했다.

2001년 '세계 간디의 비전을 증진시키는 잠날랄 바자지상(Jamnalal Bajaj
Award)'을 받았다. 지은 책으로 《그대가 있어 내가 있다》《부처와 테러리스트》,
자서전 《녹색성자 사티시 쿠마르의 끝없는 여정》 등이 있다.

세상이 바뀌기를 바라는 소망은 '나의 행동'으로부터 가능성을 얻는다. 사티시 쿠마르를 만난 이유도 여기에 있다. '나'를 알아차리며 사는 시간을 갖고, '나'와 세상과의 관계를 알아가기 위해서다.

사티시 쿠마르는 세계적인 평화운동가이자 환경 운동가이며 교육자다. 그는 1991년에 영국 데본주 다팅톤에 슈마허대학을 창립했다. "우리에게는 지구 자원을 낭비하는 경제 시스템을 새로이 재편하는 모색이 필요하다. 왜 서구 사상은 숲을 함부로 대하는가? 우리는 무엇부터 시작해야 하는가?"라는 질문 속에서 시작했다. 세계 90여 나라에서 학생들이 모여들고, 그곳을 거쳐 간 졸업생들이 지속 가능한 지구를 위해 세계 곳곳에서 주요하게 활동한다. 전환 운동의 중심지다. 슈마허대학이 지역경제, 순환 경제 활동의 중심에 설 수 있는 배경을 사티시 쿠마르의 저력으로 꼽는 이가 많다. 이반 일리치, 토마스 베리, 달라이 라마, 제임스 러브록, 프리초프 카프라, 웬델 베리, 반다나 시바, 안토니 곰리 등 세계적인 사상가, 과학자, 예술가 들이 그의 동지로 슈마허대학에 와서 지혜와 지식을 나누는 데 주저하지 않았다.

사티시 쿠마르는 사랑함으로써 지구의 몰락을 멈추자고 제안한다. 지난 8월 2일 오후 4시(영국 현지 시간) 데본주 하트랜드 자택에 있는 사티시 쿠마르와 나눈 대화다.

일상은 창조적이고
도전적인 일로부터

2년 전(2019년), 당시 졸업식에서 했던 축사를 저에게 들려주셨는데 매우 인상적이었습니다. 이번 하계 졸업식에서는 슈마허를 떠나는 학생들에게 어떤 메시지를 전하셨나요?

"세상 속으로 가라. 그러나 일자리를 쫓지는 말라"라고 했습니다. 몇몇 사람과 협력해서 새로운 일을 창조하거나 협동조합을 만들라고 했어요. 단지 돈을 벌기 위해 대기업에 취직하지는 말라고요. 일을 할 때 기분이 좋아지는 그런 일을 찾아야 합니다. 우리 학생들이 떠날 때 제가 한 말입니다.

매우 위험한 말씀인데요. 그 학생들이 어떻게 일상을 꾸려갈 수 있을까요? 먹고살고 집세도 내야 합니다.

저는 제 학생들이 위험하게 살기를 바랍니다. 모험하기를 바라요. 쉬운 답을 쫓지 않으면 좋겠어요. 모험 없고, 어려움 없이 꼬박꼬박 월급 받는 평범한 삶은 지루한 인생입니다. 저는 창조적이고 상상력이 풍부한 도전적인 일을 찾기를 바랍니다. 새로운 서점을 창조하거나 새로운 식당을 창조하거나 새로운 농장, 새로운 출판 사업을 벌이는 거예요. 단지 돈을 벌고 청구서를 내기 위해 사는 삶은 인간의 가치를 낭비하는 겁니다. 우리는 이 땅에 온갖 청구서 요금을 내러 오지 않았습니다.

만족한 예를 찾으셨나요?

네, 좋은 예가 아주 많아요. 많은 사람이 텃밭을 시작했고, 많은 사람이 새로운 조직을 시작했습니다. 여러 졸업생이 지구 곳곳에서 슈마허대학과 같은 대학과 센터를 시작했어요. 그리고 그들 중 많은 사람이 생태학과 영성과 사회정의를 가르치고 있습니다. 정말 많은 졸업생이 자신의 일을 만들어나가고 있답니다.

무엇이 인간의 가치인가요?

인간을 뜻하는 영어 단어 휴먼human은 라틴어 후무스humus에서 유래했습니다. 후무스는 토양이라는 뜻입니다. 그러니까 인간의 가

사티시 쿠마르

치는 흙과 같은 것이죠. 토양의 특질은 무엇입니까? 첫 번째, 재생성입니다. 당신이 흙 속에 씨앗 하나를 심으면 흙은 씨앗을 큰 나무로 만듭니다. 사과 수천 알 혹은 오렌지, 망고, 바나나 수백 송이를 생산할 거예요. 흙은 더 많은 것을 재생산하고 창출합니다. 그러니까 인간은 재창조하고 재생산해야 해요.

두 번째 흙의 특질은 겸허함humble(험블), 겸손humility(휴밀리티)입니다. 영어 단어 험블과 휴밀리티도 후무스에서 왔습니다. 이 둘은 같은 의미예요. 그러므로 우리는 모두 겸손해야 합니다. 지금 우리들은 너무도 거만합니다. 흙은 언제나 당신의 발 아래 있어요. 흙이 많은 음식, 많은 채소와 약초, 꽃을 생산하듯이 우리도 무언가를 창조합시다. 라틴어 후마스humas(흙, 겸손)와 영어 휴먼human(인간)이 같은 뿌리, 같은 세계에서 나왔듯이 우리도 흙으로 만들어졌습니다. 우리는 대지가 키워낸 존재입니다. 그러니 흙처럼 행동하고 재생산하고 겸손해야죠.

여러 석학들이 우리가 몰락하는 행성에 살고 있다고 말했습니다. 당신은 이 세상이 아직 살 만한 가치가 있다고 생각하나요?
네, 이 세상은 살 가치가 있고, 더 나은 세상으로 전환할 가치가 있어요. 우리는 이 몰락을 막을 수 있습니다. 이 몰락은 인간 활동 때문에 일어나고 있으니까요. 우리는 폐기물로 인한 오염을 막을 수 있습니다. 열대우림 벌채를 멈추고, 플라스틱을 생산해 바다에 버리는 것을 멈출 수 있기 때문입니다. 우리는 가혹한 환경인 공장식 축사에 동물을 가두는 짓을 멈출 수 있습니다. 토양오염을 멈출 수 있기에 이 붕괴를 막을 수 있습니다. 우리가 함께 재생 문화를 만드는 거예요. 순환 경제가 되도록 함께 행동한다면, 이 세상은 수백만 년 동안 지속될 수 있습니다.

저뿐만 아니라 많은 이들이 스스로 평범한 사람이라고 생각합니다. 그런 우리가 어떻게 붕괴하는 진행을 바꿀 수 있을까요?
우리는 모두 평범합니다. 그리고 우리는 모두 비범한 힘을 가지고 있어요. 마하트마 간디, 마틴 루터 킹, 마더 테레사, 그레타 툰베리 이들이 모두 그 증거입니다. 모든 사람은 잠재적으로 위대한 인간이며 세상을 바꾸는 위대한 힘, 세상을 전환시키는 거대한 힘을 가지고 있어요. 그러니 결코 스스로 약하다거나 무능하다거나 귀찮다고 느껴서는 안 됩니다. 그리고 평범한 저는 최선을 다해 세상을 지속 가능하고 재생 가능하도록 만드는 그 길에 함께 있을 겁니다.

자기 내면의 힘을 믿고
스스로 행동하자

당신은 그런 힘을 어디서 찾으셨나요?

사티시 쿠마르

그 힘은 제 안에 있습니다. 그 증거들을 봤고 경험했어요. 저는 인도에서 미국까지 129만킬로미터를 주머니에 돈 한 푼 없이 평화를 촉구하며 걸었습니다. 나에게 힘이 없다고 생각하면 어떻게 그 일을 해낼 수 있었겠습니까? 저는 평범한 사람입니다. 그냥 집에서 직장을 잡고 각종 청구서의 요금을 내다가 죽는 것이 전부라고 생각했다면 그런 힘은 나오지 않았겠죠. 하지만 세상을 바꾸는 힘을 모을 활동가가 될 수 있다고 생각했습니다. 모든 사람은 자신의 내면에 힘을 가지고 있어요. 마치 촛불이 타오르는 힘을 갖고 있는 것처럼요. 우리 모두의 내면은 빛으로 가득 차 있습니다. 단지 휴면 상태일 뿐입니다. 우리에게는 그 초에 불을 붙일 성냥이 필요해요.

그때 이야기를 더 들려주시겠습니까? 왜 걸었고, 어디서 자신을 불태울 성냥을 찾으셨는지요?
그 성냥은 영국의 버트런드 러셀입니다. 90세에 핵무기 반대 시위를 하다가 체포되어 감옥에 갇혔어요. 노벨상을 수상한 철학자 버트런드 러셀 경이 90이라는 나이에 감옥에 갇힌 그 사건이 저에게는 성냥이었죠. 스스로에게 말했습니다. "그는 세계 평화를 위해 감옥에 가는 90세 인간이다. 나는 무엇을 할 수 있을까?"
　저는 친구와 함께 둘이서 인도에서 출발해 모스크바, 파리, 런던, 워싱턴, 세계의 4개 핵 수도를 잇는 대장정 길을 걸어서 가기로 결정했습니다. 2년 반 동안 걸었습니다. 우리는 15개국 129만 킬로미터를 돈 없이 걸었어요. 이슬람 국가, 기독교국가, 공산주의 국가, 자본주의국가, 부유한 국가, 가난한 국가를 걸었습니다. 크렘린궁에 갔고 백악관에 갔어요. 우리는 핵무기 폐기에 대해 이야기했습니다.

우리 모두는 누군가에게서 영감을 받고 예시를 얻을 수 있습니다. 저의 성냥은 버트런드 러셀이었지만 어떤 사람은 그레타 툰베리에게서 영감을 받고, 어떤 사람은 마틴 루터 킹에게서 영감을 받습니다. 우리는 눈을 뜨고 가슴을 열어 영감을 받아 스스로 촛불을 켜고 행동해야 합니다. 그러다 마침내 스스로 영감을 불러일으키는 겁니다.

사랑은 세상
그 어디에나 있다

그 힘의 바탕은 무엇인가요?

사랑입니다. 당신이 삶을 사랑할 때, 당신이 이 행성 지구를 사랑할 때, 당신은 자연을 사랑합니다. 당신은 인류를 사랑합니다. 당신은 시를 사랑합니다. 당신은 예술을 사랑합니다. 음악을 사랑하고, 선善을 사랑하며, 그렇게 당신이 사랑할 때 당신은 보호받습니다. 우리의 가슴속에 사랑이 있다면 세상이 무너지는 것을 막을

사티시 쿠마르

수 있고 사랑으로 세상을 바꿀 수 있는 겁니다.

어떻게 사랑을 찾을 수 있을까요?

사랑은 책에 있지 않습니다. 교회에 있지도 않고, 절에 있지도 않아요. 사랑은 당신의 가슴heart에 있습니다. 그러니 그저 당신의 가슴속을 보고 거기 있는 사랑의 힘을 사용하세요. 예수 그리스도께서 하신 일입니다. 부처님도 그렇게 하셨습니다. 마틴 루터 킹도 사랑의 힘을 사용했어요. 많은 사람이 사랑의 힘을 사용하고 있습니다.

가슴은 어디에 있습니까?

가슴은 사랑의 집입니다.

그러니까 그 사랑의 집인 가슴을 어디에서 찾을 수 있을까요? 여기요?

아닙니다. 아니에요. 당신 손이 있는 그 펄떡이는 가슴은 단지 피를 순환시키는 심장일 뿐이에요. 사랑은 우리 몸 전체에 있습니다. 몸 전체가 사랑이며, 당신의 생각, 당신의 영혼, 의식, 지성, 상상력, 그리고 당신의 손과 발과 눈이 사랑이에요. 모든 것이 사랑으로 가득 차 있습니다. 심지어 우리 몸 밖에도 있어요. 당신은 사랑의 희망 안에 있고 사랑은 당신 안에 있고 당신은 사랑 안에 있습니다. 사랑은 어디에나 있답니다.

하지만 현대사회를 살아가는 많은 사람에게 가장 어려운 질문이
'내 마음은 어디에 있을까?'입니다. 내가 내 마음을 모르니까요.
내 마음을 어떻게 볼 수 있을까요? 마음을 보는 설명서가 필요합
니다.

당신의 마음을 찾으려면, 눈을 감고 내면을 들여다보는 명상을 해
야 합니다. 눈을 감고 말해보세요. "내 마음은 어디에 있는가? 나
는 내 마음이다." 당신이 '나라는 것은 곧 내 마음이고, 나는 나의
가슴이다, 나는 사랑이다, 나는 평화이며 진실이고 자비로움이다,
나는 어머니다'를 깨닫는 순간 당신은 당신이 갖고 있는 힘을 확
신하게 됩니다. 그것이 마음을 찾는 방법이에요. 설명서죠.

　당신은 미니어쳐 우주에요. 대우주의 축소판입니다. 소우주죠.
우주의 모든 것이 당신 안에 있습니다. 우리 모두는 오랜 진화로
부터 여기 당도해 있습니다. 빅뱅에서부터 지금까지 우리는 이 전
과정을 우리 안에 담고 있어요. 그러니 우리는 대우주의 매우 압
축된 소우주로서 이 모두를 담고 있는 겁니다. 이를 발견하기 위
해서 우리는 명상을 해야 합니다.

몇 살에 마음을 보기 시작하셨나요?

점진적으로 서서히 알아갔습니다. 아홉 살에 자이나교 승려가 됐

어요. 스님이니 명상을 했죠. 스승님과 함께 세상을 두루 다니면서도 늘 명상을 했습니다. 눈을 감고 보는 거예요. 나는 나의 마음이다. 나는 나의 가슴이며 마음이다. 그리고 마음은 곧 나다. 나는 나의 가슴이며, 나의 가슴이 곧 나다. 나와 내 마음은 분리되지 않습니다. 나와 내 마음 사이에는 아무런 차이가 없어요. 나와 내 가슴 사이에는 아무런 분리가 없습니다.

요즘 젊은 세대들 사이에는 명상, 요가, 채식이 각광받고 있어요. 명상은 그냥 자리에 앉아서 15분이나 30분 혹은 1시간 동안 가만히 있는 것인데요, 힘이 있나요?
네, 물론이죠. 이는 시작입니다. 씨앗과 같아요. 대지에 씨를 뿌리고 6개월이 지나면, 씨앗은 작은 식물이 됩니다. 그리고 자라고 자라서 하나의 나무가 되죠. 10년이 지나면 커다란 나무가 되어 사과나 오렌지, 망고를 줄 거예요. 식물과 마찬가지로 당신이 가만히 당신과 함께 머물며, 그러니까 당신에게 집중하며 마음을 보기 시작한다면, 자라나기 시작합니다. 나는 누구인지 누가 나인지 깨닫기 시작하는 겁니다. 그리고 더 강해지고 더욱 밝아지면서 차분해지고 이 지구라는 행성과 조화를 이루게 됩니다. 이는 단지 30분 동안 눈을 감고 앉아 있는 것만이 아니죠. 그로부터 씨앗이 발아하는 겁니다.
　제가 인도에서부터 미국까지 걸을 때 저는 단 한 발을 내딛었어요. 한 발 걷고 다른 발을 내딛고 또 다음 걸음을 내딛었습니다. 그렇게 6개월, 8개월, 10개월 내딛었을 때 저는 모스크바에 있었습니다. 2년 후 저는 런던에 있었어요. 우리는 어딘가에서부터 매일 차근차근 시작해야 합니다. 매일 명상을 하면 당신은 비로소 당신의 마음이 움직이는 것을 쭉 알아차리게 됩니다. 그렇게 마음 챙김을 이루면 당신은 세상 속에서 당신이 어디에 있고, 당신이 곧 우주라는 것을 깨닫습니다. 당신과 우주 사이에 분리는 없습니다. 당신과 자연 사이에는 분리가 없어요. 당신은 이 지구라는 행성과 분리되어 있지 않습니다. 당신과 우리는 떨어져 있지 않아요. 모든 것은 바로 당신 안에 있습니다. 당신 안에서 물이 흐르고 공기가 흐릅니다. 불과 땅이 당신 안에 있어요. 모든 것은 작은 방식 속에서 우리 안에 존재합니다. 우리가 이 방식을 깨닫고 스스로 깨우칠 때, 우리는 자기 자신, '참된 나'가 됩니다.

우리는 관계를 맺으며
세계를 이뤄나간다

나와 다른 존재들이 분리되어 있지 않다는 것에 대해 예를 들어주시겠어요? 물질적인 예를 들어주시기 바랍니다.
분리는 오직 우리들 마음속에 있을 뿐입니다. 예를 들어, 거기에 앉아 있는 당신이 내 스크린 속에 없다면 나는 여기서 말하지 않

사티시 쿠마르

을 겁니다. 저를 여기서 말하도록 만드는 작용은 바로 당신입니다. 당신의 질문이 없다면 답은 없죠. 대답은 오로지 당신의 질문에 의존합니다.

마찬가지로 관찰자가 없으면 대상object도 없습니다. 여기 물컵은 제가 손으로 쥐고 있지 않으면 이렇게 존재하지 못합니다. 현실은 대상이 아니에요. 현실은 대상과의 관계입니다. 현실이란 아주 많고 많은 작고 작은 원자들과 전자, 양성자, 수소, 질소, 탄소, 그리고 모든 화학물질로 이뤄져 있어요. 이 모든 물질이 서로 연결되어 있습니다. 관계를 맺으며 하나가 되어 유리잔이 되고, 책이 되고, 컴퓨터 모니터가 되면서 이 세계를 이룹니다.

그리고 그 관계 안에는 분리됨이 없어요. 현실은 대상 간의 관계로 실존합니다. 이 인터뷰를 자세히 볼까요? 당신과 내가 함께하지 않으면 일어날 수 없죠. 기술이 존재하지 않으면, 영어라는 언어가 없다면, 질문하는 활동이 없다면 존재하지 못합니다. 그러니까 수백만 요소들이 이 인터뷰가 일어나도록 관계 맺고 있는 거예요. 그렇지 않다면 지금 이 사건이 발생할 수 없죠. 여기에 분리란 없습니다.

당신이 세상에 내보인 메시지와 활동이 있기에 제가 지금 당신께 답을 구하는 질문을 하고 있습니다. 또 독자의 알고자 하는 욕구를 느꼈기에 이렇게 모니터 앞에서 그 요구에 다가가고자 묻고 있

우리는 고통과 기쁨을 꽤나 태연하게
다뤄야 합니다. 괴로움이 밀려들면 기쁨도
옵니다. 괴롭다고 너무 가라앉지 맙시다.
괴로움과 즐거움이 늘 같이 다니는 것이
우주의 디자인이고, 몸의 구성이며,
마음의 설계랍니다.

고요. 원인을 쫓을수록 얽혀 있는 오만 가지 작용이 드러나네요.

모든 것은 연결되어 있습니다. 모든 것은 상호의존적으로 존재합니다. 그리고 우리가 상호의존해서 존재한다는 사실을 이해하지 못한다면, 우리는 지구의 붕괴를 멈출 수가 없습니다. 왜냐하면 우리가 각각의 사건과 존재가 분리되어 있고 서로 상관없다고 믿기 때문에 지금 충돌하고 있는 거니까요. 갈등 속에 있습니다. 전쟁을 하죠. 일본과 한국은 연결되지 못하고 있습니다. 흑인과 백인은 분리되어 있어요. 남성과 여성이 단절되어 있습니다. 우리가 분리하는 순간 우리는 몰락의 씨앗을 뿌리고 있는 겁니다. 우리가 함께하는 순간, 서로가 연결되고, 상호 연관될 때 우리는 조화를 이룹니다. 이것이 우리가 이해해야만 하는 우주의 원칙입니다.

그래서 사람들과의 관계, 또는 우리 자신과의 관계 속에서 괴로움을 겪습니다. 사회 속에서 불안은 기본값처럼 된 요즘인데요, 괴로움과 불안의 근원은 무엇인가요?

괴로움과 아픔은 우주를 이루는 부분입니다. 우주의 설계 방식이에요. 우리 몸은 아픔을 느끼도록 설계됐습니다. 우리는 결코 감기에 걸리지 않는 몸을 가질 수 없습니다. 두통이 없는 몸은 있을 수 없어요. 늙지 않는 몸도 불가능합니다. 그러니까 우리는 고통을 받아들여야 합니다. "나는 고통받고 싶지 않다"라고 말하는 순간 불안해지죠. "나는 밤이 싫어"라고 말하는 순간에 어둠이 무서

워져요. 하지만 "낮이 좋아, 밤도 좋아"라고 말한다면요? 고통을 끌어안는 순간 불안은 잦아듭니다. 두려움이 없기에 불안을 극복하죠. 어둠과 빛은 함께합니다. 오르막과 내리막이 같이 가요. 고통과 기쁨이 함께 있죠.

우리는 고통과 기쁨을 꽤나 태연하게 다뤄야 합니다. 괴로움이 밀려들면 기쁨도 옵니다. 괴롭다고 너무 가라앉지 맙시다. 괴로움과 즐거움이 늘 같이 다니는 것이 우주의 디자인이고, 몸의 구성이며, 마음의 설계랍니다. 삶은 문제가 있어 지루할 새가 없죠. 통증 없이는 출산도 없어요. 아이를 가지려면 탄생의 환희, 엄마가 되는 벅차오름과 똑같이 출산의 고통을 감수하잖아요. 비록 죽을 수 있다 하더라도요. 탄생과 죽음을 동시에 품는 상태입니다. 고통과 기쁨을 염려하지 마세요. 이는 그냥 우주 설계의 일부입니다.

단순하게 살아가는
삶의 필요성

코로나19가 오기 전에 우리는 인공지능 시대를 말했습니다. 많은 지식인이 슘페터가 말한 '창조적 파괴'의 시대에 있다고 했어요. 오늘날 세계산업 질서는 미래 산업으로 변화하고 있습니다. 많은 사람이 거대한 변화가 있는 이때를 자본을 증식할 기회라며 주식시장을 찾습니다. 우리는 지금과 같은 변화의 시기에 무엇을 해체

사티시 쿠마르

하고 무엇을 창조해야 할까요?

제 철학은 단순하게 사는 겁니다. 저는 《우아한 단순함》이라는 책을 내기도 했습니다. 우리에게는 단순한 삶이 필요합니다. 더 창의적이고 더 상상력이 풍부한 삶이 필요해요. 고도로 발달한 기술과 인공지능이 아닙니다. 인간 지능 자체가 엄청나기 때문입니다. 우리 인간은 지능의 약 20~30퍼센트만 사용하고 70퍼센트는 사용하지 않습니다. 우리가 인간 지능을 사용하지 않을 이유가 없어요. 오염을 유발하지 않고, 물질을 낭비하지도 않아요. 파괴적이지도 않습니다. 모두가 갖고 있는데 우리는 인간 지능을 사용하지 않고 인공지능을 만들고 있습니다. 저는 인공지능을 전적으로 반대합니다. 인공지능은 이 행성에 더 많은 파괴를 불러올 겁니다. 이 길을 계속 간다면 더 많은 코로나19 바이러스 위기가 올 거예요.

저는 이렇게 말하고 싶습니다. "인공지능의 길을 그만 가자. 달에 가는 여정도 멈추고, 화성에 가는 그 행렬도 멈추고 우주여행도 그만 떠나자." 이는 더 많은 문제를 창조하는 길입니다. 우리는 아름다운 지구에 만족하며 행복하게 사는 법을 배워야 합니다. 이별을 돌보세요. 인간이 상상할 수 있는 가장 아름다운 별의 모습이 이 지구예요. 온갖 빛깔과 내음과 맛이 풍부합니다. 이 별에서 우리가 이뤄온 진화야말로 영광스러움 그 자체입니다.

그래요. 우리는 달에 가고 싶고, 다른 별에도 가고 싶고, 불만을 해소하고 싶어 합니다. 그러면서 인류의 도전이라고 말합니다. 하지만 이는 '불만족'이라는 서양 질병의 병증입니다. 만족하고 행복하고 당신이 가지고 있는 이 멋진 행성을 즐기고, 소중히 여기며, 부디 불만을 품지 마세요.

저에게 아이가 둘 있는데요, 둘 다 고등학생입니다. 많은 사람이 10년 후에는 일자리가 없을 거라고 말합니다. 인간이 일할 필요가 없을 거라고도 하고요. 아이들에게 미래를 위해 무엇을 공부하라고 제안할 수 있을까요?

르네상스인은 한 가지만 공부하지 않았습니다. 인간은 다양한 재능을 가지고 있기 때문입니다. 아이들에게 말하세요. 너는 무용수가 될 수 있고, 가수가 될 수 있고, 공예가, 건축가, 정원사, 수리공이 될 수 있다고요. 요리사가 될 수 있고, 작가가 될 수도 있습니다. 제 말은, "나는 요리를 즐겨, 즐겁게 정원을 가꿔, 재미있게 책을 쓰고 있어, 앞에 나가서 말하는 것을 좋아해, 인터뷰하는 걸 즐기지"라고 말할 수 있다는 거예요. 많은 재능을 개발할 수 있으니까요. 단 하나의 재능에 집중해서 전문가가 되지 않는 겁니다. 하나만 전문으로 하는 삶은 충족감을 주지 못합니다. 왜냐하면 우리는 여러 면에서 상당한 수준의 자질을 갖고 태어났으니까요. 그 좋은 자질들을 더 개발하고 누리는 겁니다. 제 조언은 이렇습니다.

한 분야에 몰두해서 엔지니어가 되고 의사가 되어야 여유롭게 살

사티시 쿠마르

수 있는 시절입니다. 그래서 한국뿐만 아니라 미국에도 타이거맘, 헬리콥터 부모 들이 늘어나고 있어요. 부모들도 아이들이 르네상스 사람이 되기를 원합니다만, 그래서 어떻게 가정을 꾸리며 잘 살 수 있을까요?

때로는 가난하지만 좋은 삶을 살 준비가 되어 있어야 합니다. 돈은 행복의 원천이 아니에요. 기쁨의 원천도 아니며 창의성의 원천도 아니고요. 돈은 저 끝에 다다르기 위한 수단일 뿐입니다. 다다르고자 하는 마지막은 좋은 삶이고요. 그러니 돈을 위해 일하지 맙시다. 좋은 영향을 미치는 무언가를 만들고자 한다면 돈은 따라옵니다. 당신의 재능으로 돈을 벌되 돈을 벌기 위해 당신의 재능을 넘기지 마세요. 돈 걱정은 하지 않아도 됩니다. 아이들은 괜찮을 거예요. 그냥 자유롭게 놔두세요. 그들이 원하는 삶을 추구하도록 하는 겁니다. 돈이 중심이 된 세상은 200~300년 전에 만들어졌습니다. 그전에 사람들은 땅과 숲과 나무와 물과 살았고 오로지 살아 있는 지성과 재능과 상상력으로 살았습니다. 그리고 삶의 질은 바로 여기에 있어요. 돈은 부유함을 가늠하는 척도일 뿐입니다. 돈 자체가 부유함이 아닙니다.

사랑의 힘을 강조하시는데요, 요즘 남성과 여성의 갈등이 심해지고 있습니다. 한국에서 페미니즘은 레드 콤플렉스와 같습니다. 페미니스트라는 말이 낙인처럼 작동합니다. 이제 여성이 더 많은 권

삶의 질은 바로 여기에 있어요.

돈은 부유함을 가늠하는 척도일 뿐입니다.

돈 자체가 부유함이 아닙니다.

한을 갖기에 남자가 역차별당한다고도 말하고요. 젊은 남성들의 삶이 힘들어졌다는 말을 중장년 여성들도 합니다. 영국에서도 일어나는 일인가요?

네, 일어나고 있습니다. 우리가 페미니즘에 대해 잘못 이해하고 있어서라고 생각해요. 낮과 밤이 같이 가는 것처럼 남성성과 여성성은 함께 갑니다. 우리 몸처럼 남성성과 여성성의 균형이 필요합니다. 우리는 음식을 입으로 가져갑니다. 이것이 받는 것입니다. 우리는 입으로 말합니다. 이것이 주는 것입니다. 입은 둘 다 합니다. 받기와 주기. 마찬가지로 우리 사회는 여성과 남성이 함께 있어야 합니다. 여성은 약간의 남성성을 갖춰야 하고 남성은 약간의 여성성을 갖춰야 하죠. 우리 안에 균형이 필요하기 때문이에요.

만약에 제가 남자이고, 여성 원리를 제 삶으로 포용한다면 부드럽고 예의 바르고 수용적이며 함께 나누는 여성적 자질을 갖추는 겁니다. 여성 원리는 남성의 일부가 되어야 합니다. 그리고 외향적이고 주도적이라 일컫는 일종의 남성다움도 여성의 일부여야 하고요. 균형을 잡을 수 있다면 여성성과 남성성 사이에서 더 나은 조화를 우리 사회 속에 만들 수 있다고 생각합니다. 과거에는 남성성이 지배적이었죠. 여전히 많은 여성이 존중과 평등한 대우를 받지 못하고 있습니다. 제2의 성으로 간주됩니다.

옳지 않습니다. 인간의 삶을 지속하기 위해서는 여성이 필요합니다. 하지만 남성이 없다면 생명은 지속될 수 없습니다. 남성과 여성 사이에 가치의 차이란 없어요. 모든 생명체는 동등한 지위를 가집니다. 인간뿐만 아니라 동물까지도 모두가 평등한 우주의 자녀랍니다.

지구는 구하는 것이 아니라
온전히 사랑하는 것

당신은 지구를 구할 수 있다고 생각하십니까? 생태학자 조애나 메이시는 우리 인간이 지구를 구할 수 없다고 말했습니다. 동의하시는지요?

사람은 지구를 사랑할 수 있을 뿐입니다. 우리는 지구를 구하는 것에 대해 걱정할 필요가 없어요. 지구를 사랑하는 것에 대해 걱정해야만 합니다. 구하는 것이 아닙니다. 제가 어떻게 지구를 구할 수 있겠어요. 지구가 훨씬 더 크고, 훨씬 더 강력하고, 훨씬 더 위엄 있고, 훨씬 더 에너지가 넘치는데요, 지구는 70억 인구와 1천 5백만에 달하는 생물 종들, 숲, 강, 산, 바다 등과 함께 존재의 예술을 구현합니다. 저는 이 세상을 오직 사랑할 수 있습니다. 네, 저는 이 세상을 사랑합니다. 세상을 파괴하지 않아요. 오염시키지도 그 어떤 것도 낭비하지 않습니다. 존중합니다. 그러니까 우리는 세상을 구하는 것에 대해 생각할 필요가 없습니다. 우리는 세상을 사랑하는 것에 대해 생각해야 해요.

사티시 쿠마르

어떻게 사랑하는 법을 배울 수 있을까요?

사랑함으로써 사랑하는 법을 배우세요.

매뉴얼을 알려주세요. 사랑하는 사람이 되고 싶습니다.

사랑은 다른 사람을 나와는 다른 사람으로 받아들이는 거예요. 삶을 있는 그대로 받아들이는 겁니다. 세상을 있는 그대로 받아들이는 거죠. 이것이 또한 우리가 세상을 구하려고 애쓰지 않는 이유입니다. 왜냐하면 당신이 세상을 사랑하지 않을 때 당신은 세상의 주인이 되려 하니까요. 그럴 때 "나는 세상을 살릴 것이다"라고 말하게 되는 거예요. 이는 너무나 거만한 태도입니다. 저는 그게 사랑인지 이해가 안 돼요. "나는 세상을 있는 그대로 받아들이고 최선을 다해 세상을 보살피겠습니다"라고 말할 때, 그때 우리는 나무를 심고, 동물을 돌보고, 인간을 돌봅니다. 노인을 돌보고, 병자를 돌볼 겁니다. 아이들, 가난한 사람들을 돌볼 거예요. 도움이 필요한 사람에게 도움을 줄 겁니다. 그것이 사랑입니다. 사랑은 세상을 있는 그대로 받아들이고 최선을 다해 나의 행동을 개선하는 것이며 지구를 함께 공유하는 거예요. 그것이 사랑이에요.

어른으로서 메시지를 주시면 좋겠습니다. 특히 아이들을 위해서요. 저는 그동안 이 아름다운 지구를 마음껏 누렸는데, 아이들은 앞으로 더 많은 재난을 마주하게 될 것 같아서 미안한 마음이 큽니다.

당신에게 그리고 인류에게 보내는 저의 메시지는 미래 세대들이 매우 중요하다는 겁니다. 미래 세대를 위해 어떻게 행동해야 좋을지, 어떻게 하면 나의 행동이 지구의 미래에 도움이 될지, 미래의 강과 숲과 나무와 동물과 바다와 인류를 항상 염두에 둡시다. 나의 성공, 나의 편리, 나의 돈, 나, 나, 나만 생각한다면, 미래는 '나'로 그칩니다. 우리의 초점을 '나'에서 '우리'로 옮겨가는 겁니다. 우리는 하나의 인류이고 미래 세대들은 우리의 일부로 이미 여기 존재하고 있습니다. 아메리칸 선주민들은 항상 일곱 번째로 올 다음 세대를 생각했습니다. 나바호를 비롯해 다른 아메리카 선주민들도 지금 나의 행동이 7세대 뒤에 올 이들에게 영향을 미친다고 생각하며 움직였어요. 우리는 지금 자신의 행동이 7세대 뒤에 올 후손에게 어떤 영향을 미칠지 생각해야 합니다.

우리는 이 땅을 지켜내리라

2018년 9월 8일 토요일, 샌프란시스코 광장에 사람들이 모였다. 90여 나라에서 3만여 명이 왔다. 태평양 군도, 호주, 아마존을 비롯한 남북미 대륙의 선주민들이 전사 복장을 갖추고 모였고, 풀뿌

사티시 쿠마르

리 조직과 기독교, 불교, 이슬람교, 유대교, 힌두교 등의 종교 공동체들도 함께했다. 글로벌 경제 기후위원회가 주최하는 '샌프란시스코 글로벌 기후 행동 정상회담'에서 기업의 이윤이 아닌 지구의 미래를 위한 선택이 일어나도록 촉구하는 '기후 정의를 위한 행진'을 하기 위해서다.

이들은 아침 8시 30분부터 2시간 동안 생명을 참구하는 명상으로 집회를 열었다. 샌프란시스코 땅을 밟고 서 있는 그 자리에서 그곳 선주민 미오크족의 전통에 따라 자신을 '도토리, 연어, 전복의 사람들'이라 부르며 땅과 물과 하늘과 연결될 것을 선언했다.

시위대가 행진하며 부른 느린 랩 같기도 하고 가스펠송 같기도 한 노래가 있다. 여기에 가사를 옮겨본다. 시처럼 기도처럼 읊조리면 좋겠다. 시공간을 넘어 확장될 당신의 자아를 위하여.

사람들이 물처럼 일렁일 것이다
우리는 이 위기를 잠재울 것이다
나는 지금 내 손주의 딸들이 부르는 노래를 듣는다
그 노래가 멈추지 않도록 우리는 이 땅을 지켜내리라

달라이 라마 존자, 그의 당부

《한겨레》신문 연재가 끝나갈 즈음, 기대하지 못했던 일이 생겼다. 중앙승가대학교 교수인 금강스님으로부터 달라이 라마께 질문할 기회가 있다는 소식이 왔다. 2년 전(2019년) 〈안희경의 보살핌의 경제로〉를《경향신문》에 연재할 때, 달라이 라마를 인터뷰하고자 금강스님께 다리를 놔주기를 청했고, 조율이 진행됐다. 하지만 인터뷰는 성사되지 못했다. 금강스님은 그때의 일을 염두에 두고 계셨던 것 같다. 2021년 8월 17일, 한국 삼학사에서 마련한 '달라이 라마 존자의 한국인을 위한 강연'에 질문할 기회를 주셨다. 금강스님께서 나의 질문을 달라이 라마께 여쭸다. 비대면 행사 속에서 인도 다람살라에 있는 달라이 라마로부터 답을 받았다. 현재를 진단하는 그의 의견과 이에 대한 해법이다. 지금이 위기의 시대인가에 대해 물었고, 우리는 무엇을 해야 하는지 해법을 구했다. 다음은 달라이 라마의 응답이다.

지구가 생겨난 지 수억만 년이 흘렀습니다. 무엇이든지 발생하는 것은 반드시 소멸하게 됩니다. 발생하고 변화하며 소멸하죠. 소멸기에 접어들면 여러 현상이 나타나는데, 오늘날 빈번하게 일어나는 기후변화와 관련한 환경문제도 그 현상이라고 생각합니다. 어떤 지역은 사막화가 진행되고, 어떤 지역에는 폭우가 쏟아지며, 어떤 지역에는 산불이 빈번하게 일어나 숲이 붕괴되고 있습니다. 우리는 지금 기후변화를 겪고 있습니다. 과학자들 가운데는 지구온난화를 자연스러운 현상이라고 말하는 이들도 있습니다. 심지어 지구온난화로 인해 지구가 서서히 불타면서 소멸될 것이라고 말하는 과학자들도 있어요.

불교 논전論典에도 이와 비슷한 이야기가 있습니다. 《아비달마구사론阿毘達磨俱舍論》에 보면, "이 세계(우주)는 생성되고 유지되다가 소멸하여 공空(무, 無)으로 돌아간다"라고 나와 있습니다. "성주괴공成住壞空"(생겨남, 유지됨, 무너짐, 사라짐의 네 단계로 존재한다는 의미)입니다. 그렇다고 해서, 불안해하거나 좌절할 이유는 없습니다. 인간은 고도로 발달한 지능을 가지고 있고, 지성에 해당하는 지혜를 활용할 수 있기 때문입니다.

눈, 귀, 코, 혀, 몸의 감각에 의존해 실태를 파악하는 작업은 동물들도 합니다. 하지만 우리 인간은 이런 오감에만 의존하지 않습니다. 실상을 바르게 판단할 수 있는 지혜를 발현

할 수 있습니다. 그러니 우리는 오늘날처럼 어려운 시기에 인간으로 태어난 기회를 헛되이 하지 말아야 합니다. 더욱 의미 있게, 더욱 가치 있게 살도록 노력하는 것이야말로 지금 우리가 해야 할 가장 중요한 일입니다.

그리고 역경과 시련은 또 다른 기회라는 말이 있습니다. 우리에게 어려움과 시련이 없다면 인생을 덧없이 흘려보낼 수 있어요. 우리 인간은 역경과 시련이 닥칠 때 그 고통에서 벗어나기 위해, 또는 고통을 조금이라도 줄이고자 마음의 평화를 찾으려 애씁니다. 역경과 시련은 우리에게 가치 있는 삶을 만들어가는 도약대와 같습니다. 티베트에서 달라이 라마로 추앙 받던 저의 삶을 돌이켜보면, 그 말의 의미가 깊게 다가옵니다. 그때는 그다지 힘들지 않았습니다. 상황이 바뀌어 인도로 망명을 나오고, 지금 저는 난민으로 살아갑니다. 한 개인의 삶으로 좁게 본다면야 고생스럽고 극단적인 변화를 겪은 시련이라고 볼 수 있을 겁니다. 하지만 저에게는 그 모든 상황이 불교 수행자로서 반드시 익혀야 하는 '공성과 보리심'을 수행하게 만드는 발판이 됐습니다. 물론 망명 나오기까지 수차례 목숨을 위협받기도 했고, 피난 과정에서 티베트 난민 수만 명을 돌봐야 하는 간단치 않은 도전도 있었습니다. 남아 있는 티베트인들을 생각하며 가슴이 무너지는 순간도 빈번하게 찾아왔고요. 그렇지만 티베트가 중국의 침략을 받지 않았더라면 어땠을까요? 저는 여전히 온갖 행사에 참석해서 상석에 앉아 있을 겁니다.

망명자로서의 삶은, 저에게 달라이 라마라는 호칭을 앞세워 위선을 떨 수 있는 기회도, 시간도 주지 않았습니다. 오직 사실에 맞는 것만을, 진실만을 받아들이도록 깨어 있게 했고 진실만을 보도록 매 순간 지극해지게 만들었습니다. 수행하지 않으면서 수행자라고 위선을 부릴 수 있는 환경도, 여유도 없었습니다. 제게는 난민으로 사는 삶이 수행에 매진하는 데 지대한 영향을 끼쳤죠. 우리는 역경과 시련이 삶을 가치 있게 만드는 발판이라는 것을 알아차려야 합니다.

불교 논전에서 부처님은 노력으로 해결될 일이 아니면 전전긍긍하지 말라고 했습니다. 더불어 해결할 수 있는 일이라는 판단이 선다면 그 일을 해결하기 위해 최선을 다해 노력하라고 가르치셨습니다. 현재 벌어진 일로 인해 두려움에 떨거나 좌절하기보다 오늘의 삶에 더 충실히 이 순간을 가치 있게, 착하게 살아나갑시다. 오늘날, 인간으로 태어난 기회를 헛되이 하지 않도록 의미 있게 행동합시다.

달라이 라마는 지구 생성과 소멸을 염두에 둔 생명 원리 속에서 우리가 처한 어려움에 대해 말했다. 지구가 생성된 때를 과학자들은 대략 44억 8천만 년 전이라고 추정한다. 그가 매우 긴 시간으로 세상을 보고 있다는 것을 느끼게 했다. 하지만 솔직히 말하면 긴 시간 속에서 별의 소멸을 상정하는 그의 해석은 나를 당혹스럽게 했다. 앞선 인터뷰에서 재러드 다이아몬드가 우리 문명에게 남아 있는 시간이 30년이 채 되지 않는다고 했던 말보다 더 난감하게 다가왔다.

다이아몬드의 말은 예상했던 부분이었다. 지구의 기온이 점점 더 빨리 오르는 지금, 산업의 방향과 우리의 생활 방식을 틀어야 한다는 다급함을 인지하고 있었기 때문이다. 나는 지구라는 별이 소멸할 수 있다는 가능성을 이전에는 그저 과학 저널에 나온 정보 정도로만 듣고 흘렸던 것 같다. 비록 이 문명의 성장을 추구하지는 않지만 당장 10년 안에 지구적인 해법에 모두가 몰두하면 문명의 시간을 연장하고 이 별은 영원히 안락하리라 여겨왔던 것 같다. 우리가 사는 지구를 하나의 살아 있는 유기체라고 말하면서 정작 '태어남이 있으면 소멸한다'라는 원리를 대입해본 적이 없었던 것이다. 달라이 라마의 답을 듣는 순간 멈칫했던 이유였다.

차분히 그의 답을 생각할수록 앞서 인터뷰한 조한혜정 선생의 '파상력'에 대한 메시지가 분명하게 다가왔다. '관계를 돌보는 보살핌으로 일상에서 기쁨을 만들어내는 힘'이야말로 당장 나에게 필요한 일로 다가왔다. 불타며 사라지는 별에 대한 과학자들의 소견이 이미 나와 있듯이 지구의 소멸도 가능하다는 것을 받아들이면서는 문명 붕괴에 대한 두려움도 서서히 사그라들었다. 사티시 쿠마르 선생이 생명의 디자인을 받아들이면 두려움은 사라지고 현실이 있는 그대로 더 확연히 보인다고 한 의미를 경험하는 것 같았다. 인간이 할 수 있는 일들을 힘껏 해야겠다는 의지가 솟구쳤다.

달라이 라마는 위기 속에서 오히려 수행자로서 이뤄야 하는 '공성과 보리심'에 매진했다고 말했다. 공성은 우리가 보고 생각한 것처럼 존재하는 어떤 것도 없다는 의미다. '아무것도 없다'와는 다르다. 모든 일은 원인과 조건에 의해 발생하는 상호의존 속에서 비롯되기에 고정된 실체가 없다는 의미다. 모든 것은 서로 의존된 관계 속에서 일어난다는 말이다. 이 말은 우리가 여기 이렇게 이 글을 읽을 수 있는 이 순간마저도 모두 연결되어 있음을 나타낸다. '나'라는 존재가 전체와 연결된 존재이며 그러하기에 우리는 온 지구로 뻗어 있는 존재인 것이다. 사티시 쿠마르가 말한 나를 사랑함으로써 지구를 사랑할 수 있고, 지구를 사랑하는 것이 곧 나를 보호하는 일이라는 것과 연결된다.

보리심은 내가 그러하듯 행복을 원하는 모든 이들을 외면하지 않고, 모두를 고통에서 벗어나게 하겠다는 마음이다. 보리심은 공성을 깨닫는 그 자리에서 우리가 나아갈 행동 방향을 일러준다고 본다. 바로, 나라는 존재가 피부의 한계를 넘어 세상과 연결되어 존재한다는 사실을 안다면 다른 이들의 고통 또한 나와 연결되어 있음을 느끼기 때문이다. 앞서 대화를 나눈 재러드 다이아몬드,

케이트 레이워스, 다니엘 코엔, 헬레나 노르베리 호지, 대니얼 마코비츠의 조언이 모두의 고통을 보살피는 오늘의 매뉴얼일 것이다. 현재 지구라는 공간 속에서 관계 맺고 있는 모두를 아우르는 우리의 고통의 총량을 줄일 모색이다. 스스로에게 다정히, 곁에 있는 모든 것에 세심하게 마음 써야겠다. 인간 사회의 진보는 태도의 결에 달려 있다 여기기에.

현세 인류가 나타나고 우리가 누리는 물질의 풍요가 정점에 오르기까지 적어도 5만 년이 걸렸다. 우리의 내리막도 이와 같기를 희망한다. 그 시간이 문명 시작의 척박한 상황보다는 풍요롭기를 바란다. 가능한 한 우리의 모든 지혜가 모두의 안전을 보장하는 쪽으로 모이기를 간청한다.

인터뷰를 허락해주신 재러드 다이아몬드, 케이트 레이워스, 다니엘 코엔, 헬레나 노르베리 호지, 대니얼 마코비츠, 조한혜정, 사티시 쿠마르, 그리고 달라이 라마 존자님 여덟 분의 어른들께 마음 깊이 감사드립니다. 달라이 라마 존자님께 닿을 수 있도록 도움주신 중앙승가대학교의 금강스님께도 감사드립니다.

연재를 책임졌던 《한겨레》 신문의 임석규 전 편집국장, 고경태 전 신문총괄께 감사의 마음 보냅니다. 《한겨레》가 쌓아놓은 신뢰가 있었기에 연재하는 동안 독자들과 깊이 소통할 수 있었습니다.

함께해온 든든한 동료 임여원, Arahan Lim, Emily Lim의 수고에 감사를 전합니다. 지혜를 나눠준 방송작가 박창섭 선배에게 사랑의 마음 전합니다.

인터뷰 현장을 사진으로 전달해준 황채영, 정미숙 작가, 티베트어 통역을 해준 양지애 선생께 감사드립니다.

메디치미디어 김현종 대표, 배소라 실장, 그리고 아들 이안의 미래를 투영하며 더욱 마음 써준 임채혁 팀장께 고마움을 전합니다.

마음의 의지처인 이해인 수녀님, 도진스님께 깊은 존경을 보내며 건강을 기원합니다. 늘 주춤하지 않도록 힘을 주시는 남복순 이모님, 방송작가 이은경 선배, 정연순 변호사께 사랑을 전합니다.

남편 임석도에게 사랑과 고마움을 보냅니다. 아들 재선, 딸 홍경, 조카 안승덕, 성웅이 살아갈 미래는 모든 생명이 마음으로 연결된 세상이기를 바라며 아이들의 뜻을 사랑 담아 응원합니다.

그리고 아버지 안상환, 어머니 남길자 두 분의 믿음과 가르침을 마음에 새깁니다. 사랑합니다.

사진 출처

26~27쪽 ⓒ 안희경

54~55쪽 ⓒ Roman Krznaric

84~85쪽 ⓒ Bruno Charoy

112~113쪽 ⓒ 황채영

140~141쪽 ⓒ Stephanie Anestis

172~173쪽 ⓒ 정미숙

204~205쪽 ⓒ Geoff Dalglish

내일의 세계

지금 여기, 인류 문명의
10년 생존 전략을 말하다

안희경 지음
ⓒ 안희경, 2021

초판 1쇄 인쇄일 2021년 10월 14일
초판 1쇄 발행일 2021년 11월 1일
초판 2쇄 발행일 2021년 12월 1일

ISBN 979-11-5706-888-3 (03300)

만든 사람들
책임편집   임채혁
통역(티베트어)   양지애
디자인   조주희
홍보 마케팅   김성현 최재희 김규리 맹준혁
인쇄   아트인

펴낸이   김현종
펴낸곳   (주)메디치미디어
경영지원   전선정 김유라
등록일   2008년 8월 20일 제300-2008-76호
주소   서울시 중구 중림로7길 4
전화   02-735-3308
팩스   02-735-3309
이메일   dacapoian@medicimedia.co.kr
페이스북   facebook.com/medicimedia
인스타그램   @medicimedia
홈페이지   www.medicimedia.co.kr